Eichner Bis alles in Scherben fällt

Das Buch

Das Ende der bipolaren Welt nährte kurzzeitig die Illusion vom Ende des Kalten Krieges. Doch die USA als übriggebliebene Weltmacht sah für sich darin die Chance, eine neue Weltordnung nach ihren Vorstellungen durchzusetzen. Dabei gingen ihre Strategen sehr systematisch vor, wie Klaus Eichner in seinem Report nachweist. Sie vermochten es, selbst ihre Verbündeten sich zu unterwerfen, sie zu Vasallen zu machen, die bedingungslos der Führungsmacht folgen.

Der Autor

Klaus Eichner, geboren 1939 in Reichenbach (Vogtland), studierte an der Hochschule des Ministeriums für Staatssicherheit, später Jura an der Humboldt-Universität und nach der »Wende« ebendort Ökologie und Umweltschutz. Ab 1959 arbeitete er in der Spionageabwehr und ab 1974 als Chefanalytiker für US-Geheimdienste bei der Hauptverwaltung Aufklärung (HV A). Eichner veröffentlichte zahlreiche Bücher zur Geheimdienstproblematik, zuletzt erschien: »Imperium ohne Rätsel. Was bereits die DDR-Aufklärung über die NSA wusste«.

Klaus Eichner

Bis alles in Scherben fällt

Der Kampf der USA um eine neue Weltordnung

edition ost

Inhalt

1989: Ende und Anfang

Malta klingt wie Jalta, befanden einige Zeitgenossen, als sich am 1./2. Dezember 1989 vor der Mittelmeerinsel die Staatschefs der Sowjetunion und der USA auf schwankendem Grund trafen. Die See war stürmisch, die Marine-Kreuzer tanzten auf den Wellen. Warum sich Gorbatschow und Bush auf einem Schiff begegnen wollten? Vielleicht sollte dieses Gipfeltreffen in eine historische Reihe eingefügt werden, Gegenwart und Zukunft mit der Vergangenheit verbinden? Seine Bedeutung aufladen mit dem Gewicht der Geschichte?

Im Sommer 1941 hatten sich Churchill und Roosevelt an Bord des britischen Schlachtschiffs HMS *Prince of Wales* vor Kanadas Küste getroffen und die »Atlantik-Charta« verabschiedet. Keine zwei Monate nach dem Überfall Hitlerdeutschlands auf die Sowjetunion postulierten darin die USA und Großbritannien den Verzicht auf territoriale Expansion und Gewaltanwendung in den internationalen Beziehungen, forderten gleichberechtigten Zugang aller zum Welthandel und zu den Rohstoffen der Erde, das Selbstbestimmungsrecht der Nationen und deren wirtschaftliche Zusammenarbeit sowie die Sicherheit für die Völker vor Tyrannei, die Freiheit der Meere und Schaffung eines Systems dauerhafter Sicherheit. In diesem Geiste entstanden die Antihitlerkoalition und nach dem Ende dieses gemeinsamen Krieges gegen den deutschen, italienischen und japanischen Faschismus die Vereinten Nationen, die UNO.

Das Treffen auf dem britischen Schlachtschiff 1941 bestimmte die Weltpolitik für den Rest des 20. Jahrhunderts, die dort formulierte Charta war gleichsam die Geburtsurkunde für eine neue Weltordnung. Sie sollte gewaltfrei und friedlich sein. Anfang 1945 trafen sich US-Präsident Roosevelt und der britische Premier Churchill erneut, diesmal auf Malta, seit 1814 britische Kronkolonie. Sie bereiteten sich auf der Mittelmeerinsel auf die Konferenz mit Stalin in Jalta vor. Auf der sowjetischen Halbinsel Krim wollten die »Großen Drei« im Februar 1945 die europäische Nachkriegsordnung verabreden. Was auch geschah.

Nun also – Ende 1989 – trafen sich US-Präsident George Bush und der sowjetische Staats- und Parteichef Michail Gorbatschow auf Malta. Der Ostblock bröckelte, seine schwächelnde Führungsmacht hatte aufgegeben, was sie schon nicht mehr besaß: das Heft des Handelns. Die Gespräche der Präsidenten der beiden Großmächte sollten ursprünglich wechselseitig auf einem sowjetischen und auf einem amerikanischen Kriegsschiff erfolgen. Doch die See ging hoch, weshalb dem Kreuzfahrtschiff »Maxim Gorki« der Vorzug gegeben wurde. Das lag fest vertäut im sicheren Hafen von Valetta. Trotzdem sprachen und schrieben Journalisten vom *Seasick Summit* – vom Gipfeltreffen der Seekranken. Das war eine übertriebene, gleichwohl treffliche Bezeichnung für die als »Meinungsaustausch über die Veränderungen in Osteuropa« deklarierte Begegnung.

Eine Unterzeichnung von offiziellen Dokumenten oder Verträgen war nicht vorgesehen, es gab sie auch nicht.

Erkennbar »krank« im übertragenen Sinne war mindestens einer der beiden Partner bei diesem Gipfeltreffen. (Wiewohl auch der andere schon nicht mehr »gesund« war. Das war aber nicht so offenbar. Die originelle Charakterisierung der Sowjetunion, die der ungarische Historiker György Dalos formulierte, galt in gewisser Weise nämlich auch für die USA: »Ein halbes Krankenhaus leitet die halbe Welt.«)

Die Sowjetunion hatte sich auf einen Rüstungswettlauf mit der ökonomisch ihr überlegenen USA eingelassen und damit sich selbst in den Ruin getrieben. Worin vermutlich auch die strategische Absicht der USA bestanden hatte. Denn in den sechziger Jahren war das annähernde militärstrategische Gleichgewicht erreicht und beiden Antipoden bewusst geworden, dass ein militärischer Sieg über den jeweils anderen mit der eigenen Vernichtung bezahlt werden würde. Also wechselte Washington die Strategie. Denn der »Sieg über den Kommunismus«, das »Reich des Bösen«, blieb unverändert ganz oben auf der politischen Agenda.

Michail S. Gorbatschow, der 1985 an die Spitze der sowjetischen Führung gewählt worden war, übernahm eine desolate, ausgeblutete nationale Wirtschaft und ein politisch-militärisches Bündnis, das in seiner seit Mitte der fünfziger Jahre existierenden Form längst nicht mehr funktionierte. Jeder Versuch in den sogenannten Bruderstaaten, aus den in der Nachkriegszeit geformten Strukturen auszubrechen, diese zu reformieren, das vorgegebene sowjetische Gesellschaftsmodell auf die nationalen Gegebenheiten abzustellen, war in der Vergangenheit erfolgreich von Moskau unterbunden worden. Der Status quo wurde notfalls auch mit Waffengewalt gesichert: in der DDR 1953, in Ungarn 1956, in der ČSSR 1968, in Polen 1980 … Ganz gewiss: Die Gegenseite war daran stets beteiligt. Mit politischen, ökonomischen, geheimdienstlichen, psychologischen Mitteln arbeitete sie unablässig an einem Rollback, an einem Wechsel des politischen Systems in den Ostblockstaaten. Nicht immer musste Gewalt die Ultima ratio sein, doch Moskau präferierte militärische Lösungen (wie der gegenwärtige Ukraine-Krieg zu bestätigen scheint, was die westliche Propaganda zu behaupten nie müde wird).

Der misslichen Lage, in der sich die Moskauer Führung Mitte der achtziger Jahre befand, war sich der neue erste Mann dort durchaus bewusst – schließlich kam er aus dem politischen Apparat. Er reagierte mit einem mutigen Konzept, das er *Perestroika* nannte – er wollte die sowjetische Gesellschaft radikal umbauen und die seit Jahrzehnten andauernde ökonomische, soziale und gesellschaftspolitische Stagnation beenden.

Und außenpolitisch wollte er aus dem Rüstungswettlauf aussteigen, diesen Automatismus von Vor- und Nachrüstung beenden und stattdessen real abrüsten. Die Waffenarsenale quollen über, die Menge der Atomsprengköpfe konnte theoretisch die Erde mehrmals auslöschen – obgleich es doch nur einmal möglich ist. Das Wort vom *Overkill* machte schon seit Langem die Runde.

Allerdings zeigte sich rasch, dass der »Umbau« nicht funktionierte und das Gegenteil von dem bewirkte, was seine Urheber eigentlich zu erreichen vorgaben. (Sofern nicht, was später von ihnen behauptet wurde, dies der Plan gewesen war: nämlich die Sowjetunion zu zerstören und den Kommunismus zu überwinden.) Das sogenannte Neue Denken kollidierte mit alten, tradierten Gewohnheiten. Vielleicht aber war die Sache auch nicht gut durchdacht, und Dilettanten oder gar Gegner des Systems besorgten die sowjetischen Staatsgeschäfte. Jedenfalls geriet der Umbau zum Abriss, der Niedergang des ganzen Landes beschleunigte sich durch Gorbatschows Politik.

Immerhin kam es jedoch zum ersten realen Abrüstungsvertrag über Nuklearwaffen: Am 8. Dezember 1987 beschlossen die UdSSR und die USA ihren Verzicht auf atomare Mittelstreckenraketen. Dieser INF-Vertrag (***I**ntermediate Range **N**uclear **F**orces Treaty*) – geschlossen für unbeschränkte Dauer – wurde allerdings von den USA im Februar 2019 aufgekündigt, weil Russland ihn angeblich unterlaufen hätte. Beide Seiten erklärten am 2. August 2019 den Abrüstungsvertrag für beendet.

Dieser erste tatsächliche Abrüstungsvertrag hatte 1987 weltweit die Hoffnung, ja die Erwartung auf weitere substantielle Abrüstungsschritte genährt. Und dem Anschein nach ging es ja auch weiter: Im Juli 1991 erklärten die Präsidenten Bush und Gorbatschow in Moskau, die Zahl ihrer Atomwaffen drastisch reduzieren zu wollen: von dreißig Prozent auf jeder Seite war die Rede …

Aber auch dies änderte nichts an der Absicht der in den USA herrschenden Kreise, die Sowjetunion im Orkus der Geschichte verschwinden zu lassen.

Die Rüstungsabkommen mit den Russen erfolgten primär aus Selbstschutzgründen. Denn auch in den Führungskreisen der USA war (und ist) man sich bewusst: Wer als erster schießt, stirbt als zweiter. Alle bisherigen (theoretischen) Bemühungen, mit einem sogenannten Enthauptungsschlag den vernichtenden Gegenschlag zu verhindern, erwiesen sich als illusionär. Tschernobyl 1986 hatte nachdrücklich vor Augen geführt, welche globalen Folgen allein ein nuklearer Unfall nach sich zieht. Desgleichen die Katastrophe in Fukushima 2011, die in der BRD zur Entscheidung führte, alle AKW zu schließen. (Insofern erschreckt es schon, wie leichtfertig die Kriegstrommler heute über den Einsatz von Atomwaffen schwadronieren. Dies erinnert sehr an die Einfalt von Kanzler Konrad Adenauer, der auf der Bundespressekonferenz am 5. April 1957 in Bonn erklärt hatte, dass atomare Waffen »nichts weiter als die Weiterentwicklung der Artillerie« seien.)

Kennedy hatte während der Kuba-Krise zu Beginn der sechziger Jahre gefragt, wie viele amerikanische Menschenleben der von den Militärs gewünschte Krieg gegen die Russen kosten würde. Dreißig bis vierzig Millionen, lautete damals die Antwort. Daraufhin hatte der US-Präsident seinen Falken eine Absage erteilt und sich mit Chruschtschow verständigt. Man musste sich mit den Sowjets arrangieren und auf andere Weise sie als Gegner ausschalten, war man sich in Washington einig.

Für einen seiner Nachfolger im Weißen Haus – Ronald Reagan, ein religiöser Eiferer – war die Sowjetunion das erklärte »Reich des Bösen« (»evil empire«, 1983), das bereits Harry S. Truman vor Jahrzehnten »eindämmen« und letzten Endes überwinden wollte. Die 1947 formulierte und nach Truman benannte Doktrin galt als die *Geburtsurkunde des Kalten Krieges*, der unmittelbar nach dem Ende des heißen Zweiten Weltkrieges einsetzte. Nachdem die Antihitlerkoalition nämlich ihren Zweck erfüllt hatte – das deutsche Nazireich zu zerschlagen und Deutschland militärisch zu besetzen –, brachen die seit 1917 bestehenden gesellschaftspolitischen Gegensätze wieder auf. US-Präsident Truman hatte diesen Konflikt in der Weltsicht der Amerikaner dreißig Jahre nach der russischen Oktoberrevolution so charakterisiert: »Zum gegenwärtigen Zeitpunkt der Weltgeschichte muss fast jede Nation zwischen alternativen Lebensformen wählen. Nur zu oft ist diese Wahl nicht frei. Die eine Lebensform gründet sich auf den Willen der Mehrheit und ist gekennzeichnet durch freie Institutionen, repräsentative Regierungsform, freie Wahlen, Garantien für die persönliche Freiheit, Rede- und Religionsfreiheit und Freiheit von politischer Unterdrückung.

Die andere Lebensform gründet sich auf den Willen einer Minderheit, den diese der Mehrheit gewaltsam aufzwingt. Sie stützt sich auf Terror und Unterdrückung, auf die Zensur von Presse und Rundfunk, auf manipulierte Wahlen und auf den Entzug der persönlichen Freiheiten.«

Die simple Unterscheidung der Welt in Gut und in Böse – zu der die Amerikaner naturgemäß neigen, wie wir seit Erfindung des Western wissen – wurde in Außen- und Innenpolitik sichtbar, ihre wesentlichen Komponenten waren der Antikommunismus und der Antisowjetismus.

Zur außenpolitischen Umsetzung wurden alsbald Dutzende Bündnisse, Vereinigungen und Institutionen geschaffen. Die wichtigste war die ***N**orth **A**tlantic **T**reaty **O**rganization* (NATO) – der 1949 auf Initiative der USA gegründete Nordatlantikpakt, welchem zunächst zwölf Staaten angehörten. Seine Funktion bestand darin, was dessen erster Generalsekretär, der britische General Hastings Ismay, in unverblümter Offenheit seinerzeit verriet: *to keep the Russians out, the Americans in and the Germans down*.

Diese Strategie galt auch noch, als Michail S. Gorbatschow 1985 sein Amt in Moskau antrat.

Und Generalsekretär Gorbatschow reiste mit der gleichen Naivität und Unbedarftheit zu den Treffen mit Reagans Nachfolger George Bush, einem ehemaligen CIA-Direktor, wie er schon in andere Spitzenbegegnungen zuvor gegangen war. Michail Gorbatschow, nicht weniger eitel als andere Politiker, vertraute auf seinen Charme, seine Eloquenz und seine Kommunikationsfähigkeit. (Wenn er zu Staatsbesuchen im Westen weilte, feierten ihn die dortigen Medien überschwänglich, was durchaus Wirkung auf ihn hatte.) Als wären Charme, Eloquenz und Kommunikationsfähigkeit die einzig wirksamen Waffen im diplomatischen Ringen!

Während sich der US-Präsident intensiv auf dieses Gespräch Anfang Dezember 1989 in Malta vorbereitete und darum mit großer Delegation anreiste – ihr gehörten zehn hochrangige Politiker und Experten an –, hielt Gorbatschow die Begleitung durch seinen Außenminister und dessen Stellvertreter, den Botschafter in den USA sowie seinen Militärberater und den Chefideologen der KPdSU für ausreichend.

Man parlierte freundlich über das Ost-West-Verhältnis, nachdem mit der Öffnung der Westgrenze des Warschauer Paktes eine neue internationale Lage entstanden war. Am 9. November 1989 hatte zudem die DDR eigenmächtig – ohne Rücksprache mit Moskau – ihre Staatsgrenze West passierbar gemacht, was mit der Wendung »Fall der Berliner Mauer« beschrieben wurde, nachdem bereits im Frühsommer 1989 Ungarn seine Grenzbefestigungen zu Österreich beseitigt hatte. Da diese Paktgrenze – die Frontlinie zwischen NATO und Warschauer Vertrag, vom Westen seit Churchills Fulton-Rede 1946 als »Eiserner Vorhang« bezeichnet – nunmehr fast verschwunden war, meinte der sowjetische Staats- und Parteichef, dass auch die Ursachen für deren Errichtung verschwunden seien und sich erledigt hätten. Auf der gemeinsamen Pressekonferenz erklärte Michail Gorbatschow in Malta optimistisch: »Die Welt verlässt eine Epoche und betritt eine andere. Wir befinden uns am Anfang eines langen Weges in eine friedliche Ära. Gewaltandrohung, Misstrauen, psychologischer und ideologischer Kampf sollten der Vergangenheit angehören.«

Und im Überschwang seines Glücksgefühls, mit dem mächtigsten Mann der westlichen Welt auf Augenhöhe gesprochen zu haben – wohl wissend, dass die Macht der Sowjetunion ausschließlich auf ihr Nuklearwaffenpotenzial gründete, denn auch militärisch war man in Afghanistan gescheitert –, ergänzte er: »Ich versichere dem Präsidenten der Vereinigten Staaten, dass ich niemals einen Atomkrieg gegen die USA beginnen werde.«

Pluralis majestatis? Auf alle Fälle eine maßlose Überschätzung sowohl der eigenen Fähigkeiten wie auch der Möglichkeiten der darniederliegenden und sich in Auflösung befindlichen UdSSR.

George Bush, der während des Zweiten Weltkrieges im Pazifik als Pilot der US Navy Luftkämpfe gegen die Japaner geführt und von 1981 bis 1989 seinem Vorgänger Reagan als Vizepräsident gedient hatte, reagierte darauf mit einer diplomatischen Höflichkeit ohne jede Bedeutung: »Wir können einen dauerhaften Frieden verwirklichen und die Ost-West-Beziehung in eine dauerhafte Zusammenarbeit umwandeln. Das ist die Zukunft, mit welcher der Vorsitzende Gorbatschow und ich hier in Malta begonnen haben.«

Das Blumige, die unverbindliche Wunschvorstellung gerann in der internationalen Berichterstattung zur Formel: Gorbatschow und Bush haben das *Ende des Kalten Krieges* erklärt. Denn wörtlich hatten es die beiden Staatschefs so nicht formuliert!

Allerdings gab es unter den Beobachtern auch einige kluge Köpfe. »Aber ein neues Jalta wird Malta nicht hervorbringen. Dafür fehlt den beiden Großen nicht nur die

Macht, sondern auch das Mandat«, schrieb Christoph Bertram in der Wochenzeitung *Die Zeit* am 1. Dezember 1989. »Der Verfall einer alten Ordnung stellt von allein noch keine neue her.« So konfliktlos und reibungslos wie bisher werde der Umbruch in Europa nicht bleiben.

Damit sollte er Recht behalten.

Von Malta reiste Gorbatschow weiter in den Vatikan und holte sich den Segen des Heiligen Vaters. Im wörtlichen wie im übertragenen Sinne: Man sprach Russisch miteinander und vereinbarte diplomatische Beziehungen. Johannes Paul II., der polnische Papst, von 1978 bis 2005 im Amte, hatte bis dato eine ganz wesentliche Rolle im Ost-West-Konflikt gespielt. (Sie harrt übrigens noch immer einer kritischen Aufarbeitung.)

Die nachfolgenden Ereignisse sind bekannt.

Heute steht die NATO mit ihren Truppen an der Grenze der Russischen Föderation. Der Kalte Krieg ging damals keineswegs zu Ende, und auf dem Territorium der ehemaligen ukrainischen Sowjetrepublik tobt seit Februar 2022 sogar ein heißer Krieg. Er ist mehr als eine Auseinandersetzung zweier kapitalistischer Oligarchenstaaten.

»Diesen Krieg auf einen Konflikt zwischen russischen und ukrainischen Oligarchen zu reduzieren, bagatellisierte dessen Anlass und Dimension. Immerhin sind 40 Millionen Bürger der Ukraine und 140 Millionen der Russischen Föderation unmittelbar involviert, sie sind objektiv Kriegspartei«, schrieb der Politikwissenschaftler und Historiker Stefan Bollinger im *neuen deutschland* am 21. Juni 2022.

Es ist auch nicht nur ein Stellvertreterkrieg des Westens gegen den Osten (oder umgekehrt). Er ist im Kern der nunmehr offen militärische Kampf um die Durchsetzung einer neuen Weltordnung. Oder wie Bollinger meinte: »Wir stehen offenbar am oder wohl doch schon mitten im Beginn eines neuen imperialen oder imperialistischen Zeitalters. [...] Die Ukraine ist nicht das erste Schlachtfeld in der Auseinandersetzung um die Vormacht in der Welt. Es wird auch nicht der letzte Krieg sein.«

Es gab in der Geschichte der Menschheit wiederholt Situationen, in denen die Existenz der Menschheit bedroht war. Auslöser waren meist reaktionäre Politikauffassungen, gesteuert von Zielen zur Erlangung von Profit und zur Durchsetzung oder Sicherung geostrategischer Herrschaftsansprüche. Mit der Etablierung der kapitalistischen Gesellschaftsordnung und ihrem Übergang zum Imperialismus waren politische und technologische Bedingungen für eine verschärfte Aggressionspolitik entstanden.

Gleichzeitig wuchsen die Gegenkräfte in Form der humanistisch orientierten weltweiten Friedensbewegung und der Etablierung des sozialistischen Weltsystems sowie der Staaten nationaler Befreiungsbewegungen. Damit waren Zielobjekte aggressiver Planungen und subversiver Aktivitäten für die imperialistischen Führungskräfte gegeben, die Fehler und Schwächen der progressiven Entwicklungen erbarmungslos ausnutzten. Das führte dazu, dass gegen Ende des 20. Jahrhunderts der Imperialismus scheinbar als Sieger der Geschichte übriggeblieben war. Der Politikwissenschaftler Klaus Blessing hat nicht Unrecht, wenn er ironisch meint: »Der Sozialismus hat eine Niederlage erlitten, ist aber nicht gescheitert. Der Kapitalismus ist grandios gescheitert, die Niederlage muss ihm noch beigebracht werden.«[1]

Diese historische Niederlage verschärfte nach meiner Überzeugung die Gefahr globaler aggressiver Aktionen imperialistischer und konterrevolutionärer Kräfte. Und sie erhöht die Verantwortung der internationalen Friedensbewegung.

Wer im Januar 2021 das Spektakel der Amtseinführung Bidens als US-Präsident aufmerksam und kritisch verfolgte, der konnte aus Äußerungen von leitenden Persönlichkeiten der US-Außenpolitik und von Führungskräften der US-Geheimdienste die Planungen der neuen Administration der Vereinigten Staaten deutlich erkennen. Das betraf vor allem die aktuellen Feindbilder China und Russland.

Für die hier vorliegende Einschätzung der imperialistischen Aggressionspolitik nutze ich meine Erkenntnisse aus jahrelanger Tätigkeit als Analytiker der Hauptverwaltung A auf dem Gebiet imperialistischer Geheimdienste und interne Quelleninformationen. Diese wie auch in den letzten Jahren erschienene Literatur zum Thema unterzog ich einer kritischen Untersuchung.

Das ist für mich auch Anlass, die Verdienste der sogenannten Whistleblower für die Unterrichtung der Weltöffentlichkeit über Pläne und Aktivitäten imperialistischer Kreise zu würdigen. Diese Dokumente waren

Klaus Eichner (r.) im Geprräch mit MdB Hans-Christian Ströbele und dem Journalisten John Goetze (M.) nach deren Besuch beim Whistleblower Edward Snowden in Moskau. Die Diskussion fand im Mai 2014 in Berlin statt

einer strengen Geheimhaltung unterworfen. Und weil sie die tatsächlichen Absichten und Intentionen der Führungen imperialistischer Mächte offenbarten, unterliegen jene, die diese Geheimnisse enthüllten, strengster Strafverfolgung. Dagegen sollten alle wahrhaft demokratisch gesinnten und friedliebenden Menschen Front machen und sich zur Verteidigung der Whistleblower zusammenfinden.

Entscheidungen in der Frage »Krieg oder Frieden« sind von grundsätzlicher Bedeutung für die Existenz der Menschheit. Politisch Verantwortliche dürfen diese existentiellen Zusammenhänge weder ignorieren noch von einer Position der Äquidistanz betrachten. Eine Friedensbewegung muss nach meiner Überzeugung mit aller Konsequenz folgende Forderungen stellen, selbst wenn diese als überzogen, unrealistisch oder russland- oder chinafreundlich diffamiert werden:

- ➤ Umwandlung der Rüstungswirtschaft in zivile Produktion zugunsten sozialer Projekte;
- ➤ Zerstörung aller Kernwaffensysteme und Massenvernichtungsmittel;
- ➤ Auflösung aller Militärblöcke und ausländischer Militärstützpunkte;
- ➤ Umwandlung der Streitkräfte und militärischer Infrastrukturen für zivile Nutzungen;
- ➤ Schaffung politischer Verhältnisse für eine Politik der Vertrauensbildung; Verbot jeder Kriegs- und Feindpropaganda;
- ➤ Liquidierung aller subversiven Ziel- und Aufgabenstellungen der Geheimdienste;
- ➤ wirksame strafrechtliche Verfolgung von Kriegsverbrechern.

Diese Forderungen sind nicht neu. Sie müssen jedoch seit dem Ende der Bipolarität zu Beginn der neunziger Jahre, seit die USA und ihre in Nibelungentreue verbundenen imperialistischen Bundesgenossen mit allen Mitteln nach einer von ihnen bestimmten Weltordnung streben, schärfer in den Fokus genommen werden. Entweder es gelingt kollektiv, eine »Pax Americana« zu verhindern – oder die Tage der Menschheit sind gezählt. Es muss verhindert werden, dass alles in Scherben fällt!

Aktiv zur Schaffung einer neuen Weltordnung

Das A und O ist das Kapital

Mit dem Zerfall der UdSSR, des sozialistischen Lagers und der Liquidierung der Organisation des Warschauer Vertrages – definiert als Ende der Blockkonfrontation – verbanden einige Politologen und »Ostexperten« die Illusion von einem Ende das Kalten Krieges, möglicherweise sogar einer Reduzierung der Schärfe der Klassenauseinandersetzungen.

Diese Annahme negierte die objektiven und subjektiven Grundlagen des Herrschaftsstrebens der Führungskräfte des Imperialismus, die sich nun als »Sieger der Geschichte« wähnten und in dieser historischen Situation die Chance sahen, eine »neue Weltordnung« nach ihren Regeln und unter ihrer Herrschaft zu errichten. Das medienwirksame Schlagwort dafür lautet: »regelbasierte Weltordnung«.

Das Adjektiv »regelbasiert« hat in dieser Verbindung eine doppelte Bedeutung: Zum einen ist damit eine Ausschaltung der bisher geltenden Regeln gemeint, also eine möglichst vollständige Ausschaltung des Völkerrechts, vor allem der Charta der Vereinten Nationen. Bekanntlich hatten sich darin die UNO-Mitglieder verpflichtet, die Gleichberechtigung aller Nationen zu achten und Bedingungen zu schaffen, unter denen Gerechtigkeit zwischen allen Völkern gedeihen kann.

Zum anderen soll die neue Weltordnung ausschließlich nach den Regularien der Führungskräfte der USA, der NATO und der EU gestaltet werden. Maßstab für diese Weltordnung ist das westliche Wertesystem. Daran würde angeblich die Welt genesen, wenn sich alle Völker entschließen würden, auf diese Weise zu leben, zu produzieren und zu konsumieren.

Seit nunmehr über fünfhundert Jahren verbreiten Missionare das christlich-abendländische Weltbild. Und sie taten es auch mit Feuer und Schwert, wenn denn die beglückten Völker sich widersetzten und an ihren in Jahrhunderten, mitunter in Jahrtausenden gewachsenen eigenen Traditionen, an ihren Gewohnheiten und ihrer Geschichte festhielten.

Die USA, heute der – wenngleich augenscheinlich im Niedergang sich befindende – ökonomisch und militärisch mächtigste Staat der Welt, reklamieren ihr Gesellschaftsmodell als das erfolgreichste. Wenn überall auf der Welt die gleichen Verhältnisse herrschten, so die gleichermaßen naive Vorstellung wie demagogische Forderung, würde es allen Menschen so gut gehen wie den Amerikanern. Dabei wird völlig ausgeblendet, dass inzwischen 140 Millionen US-Amerikaner (von insgesamt 330 Millionen) als arm gelten oder geringverdienend sind. Das sind 43 Prozent der Bevölkerung.[2] Die Tochter des 1968 ermordeten Martin Luther King, Bernice King, nannte Armut eine Form der Gewalt, eine Verletzung der Würde und des Wertes des Menschen.

Mit der Armut wächst auch der Reichtum der Reichen, die den Staat beherrschen, wachsen Kriminalität, Korruption und Rechtlosigkeit im Lande. Und wie sich nicht erst seit Präsident Trump zeigt, halten sich die Herrschenden nicht einmal an die einfachsten Regeln der bürgerlichen Demokratie.

Muss das überraschen, wenn man weiß, dass die Gründerväter der USA durchweg Sklavenhalter waren?

Zu den »westlichen Werten« gehört in erster Linie der Konsum, er bestimmt nicht zuletzt durch die Werbung das öffentliche Bild in den kapitalistischen Staaten. Allerdings kann man kaum konsumieren, wenn man keinen Geldwert hat. In den USA beispielsweise hat fast jeder Zweite, wie erwähnt, nichts oder nur sehr wenig. Auf der anderen Seite leben in den USA so viele Reiche wie in keinem anderen Staat der Erde. Laut der Schweizer Großbank *Credit Suisse* sind vierzig Prozent aller Millionäre weltweit in den Vereinigten Staaten von Amerika zu Hause. Darunter 25.800 Superreiche – jene Oberschicht, deren Mitglieder jeweils mehr als hundert Millionen Dollar besitzen.

Sie besitzen nicht nur Dollar, sondern den Staat. Und darum ist doch völlig klar, dass sie und ihre Adepten und Kollaborateure – die an diesem Reichtum in unterschiedlicher Weise partizipieren – dafür sorgen möchten, dass weltweit die gleichen Verhältnisse herrschen wie daheim. Kriege sind darum nicht nur wichtig zur Durchsetzung ihrer Wertvorstellungen und gewinnträchtigen Verwertungsbedingungen, sondern auch gut fürs unmittelbare Geschäft. Oder wie der Politikwissenschaftler Erhard Crome pointiert formulierte: »Im Kern geht es um die ›freie Bahn‹ für die multinationalen Konzerne des Westens, die […] gegebenfalls freigeschossen wird.«[3]

Bei Fortsetzung etwa des Ukraine-Krieges werden die Vermögen der Vermögenden um fünf Prozent wachsen, besagen Wirtschaftsprognosen.

Das A und O, das wichtigste Gen der kapitalistischen Gesellschaft, ist das Kapital. Es kam nicht nur »vom Kopf bis zur Zehe, aus allen Poren blut- und schmutztriefend« zur Welt[4], wie Franz Mehring schrieb – diese Eigenschaften behielt es bei. »Die Illusion der Vulgärökonomen, als habe es einmal eine fleißige Elite gegeben, die Reichtum akkumulierte, und eine Masse faulenzender Lumpen, die schließlich nichts zu verkaufen hatten als ihre eigene Haut, ist eine fade Kinderei; eine ebenso fade Kinderei wie das Halbdunkel, worin die bürgerlichen Historiker die Auflösung der feudalen Produktionsweise darstellen als Emanzipation des Arbeiters und nicht zugleich als Verwandlung der feudalen in die kapitalistische Produktionsweise.«[5]

Und diese »fade Kinderei« – mit der man vor mehr als hundertfünfzig Jahren die Leute verdummte, indem man die wahren Zusammenhänge und Hintergründe vernebelte – wird ungebrochen bis heute praktiziert. In der Gegenwart besorgen dieses systemerhaltende und -stützende Geschäft – von Wissenschaftlern als »neoliberale Gehirnwäsche«[6] bezeichnet – Think Tanks, Stiftungen, Medien-Agenturen und Propaganda-Institutionen der »Informationsgesellschaft«: Printmedien, Rundfunk- und Fernsehanstalten, »soziale Medien« und andere internetgestützte Beeinflussungsinstrumente. Ihre Aufgabe ist die »Eroberung« der Gedanken und Gefühle der Menschen, die Herstellung der Herrschaft über den sogenannten *Mindset* – die Art zu denken, die Umwelt wahrzunehmen, sie unbewusst zu reflektieren. »Wer die Herrschaft über die Massenmedien und den öffentlichen Diskurs hat, hat die Macht, die massenhafte Wahrnehmung von Realität zu prägen und in seinem Sinne ›Realität zu konstruieren‹. Wer die Macht über die Medien hat, hat Macht über das Denken und Fühlen der Menschen«[7], beschreibt der Leipziger Politikwissenschaftler Horst Poldrack diesen Vorgang. Der Medienwissenschafter Michael Meyen beschreibt ihn plastischer: »Wenn wir die *Tagesschau* sehen, erfahren wir nichts über die ›Wirklichkeit‹. Wir lernen vielmehr, wer es geschafft hat, seine Sicht auf die Wirklichkeit in die Propaganda-Matrix einzuschreiben.«[8]

Hinter dem Nebel der Propaganda vollziehen sich Prozesse, die geheimgehalten werden sollen, weil die, die sie organisieren, wissen: Würden sie publik, würde die Empörung vielleicht zu Konsequenzen für sie führen. Sie fürchten die Wahrheit wie der Teufel das Weihwasser, könnte man sagen.

Untersuchungen, Analysen, Rekonstruktionen der Anstrengungen der USA und ihrer Bundesgenossen zur Schaffung der Neuen Weltordnung (NWO) werden als »Verschwörungstheorie« denunziert, als Antiamerikanismus, als Hirngespinst von wenigen. Wahlweise tituliert man sie auch als russische oder chinesische Propanda. Die Unterstellung, die USA und der Westen strebten nach »totalitärer Weltherrschaft«, solle nur von den Intentionen Moskaus oder Pekings ablenken, heißt es. Der Hinweis der USA- und Kapitalismuskritiker etwa auf die Rede von US-Präsident Bush am 11. September 1990 sei irreführend, weil der Ex-CIA-Direktor es so nicht gemeint habe, wie ihm unterstellt.[9] Der hatte damals nämlich erklärt: »Bis jetzt war die Welt, die wir kennen, eine geteilte Welt – eine Welt aus Stacheldraht und Betonblöcken, Konflikten und dem Kalten Krieg. Jetzt können wir sehen, wie eine neue Welt in Sicht kommt. Eine Welt, in der es die echte Aussicht auf eine neue Weltordnung gibt. In den Worten von Winston Churchill eine ›Weltordnung‹, in der ›die Prinzipien der Gerechtigkeit und des fairen Spiels [...] die Schwachen vor den Starken schützen.‹ Eine Welt, in der die Vereinten Nationen, befreit von der Pattsituation des Kalten Krieges, bereit sind um die historische Vision seiner Gründer zu erfüllen. Eine Welt, in der Freiheit und Achtung der Menschenrechte bei allen Völkern eine Heimat finden.«[10]

Präsident George Bush, so relativiert man seine Ankündigung einer »neuen Weltordnung«, habe vor den beiden Kammern des US-Kongresses damit lediglich die Ziele seiner Regierungspolitik beschrieben und damit keineswegs ein globales Konzept der USA für die nächsten Jahrzehnte entworfen.

Aber genau dieses war es.

Zunächst bemühten sich die imperialistischen Führungskräfte, ihren militärischen Interventionen den Anschein einer scheinbaren Konformität mit internationalem Recht zu geben und unter diesem Deckmantel eine neue »Welt-Kriegs-Ordnung« aufzubauen.

Im August 1990 beschloss der UN-Sicherheitsrat die Resolution 662, mit der die Annexion Kuweits durch den Irak für null und nichtig erklärt wurde. Unmittelbar danach begannen die USA ein Militärbündnis zu schmieden, an dem am Ende 34 Staaten beteiligt waren. Dass bei der nachfolgenden Intervention in Irak die USA 74 Prozent aller einrückenden Soldaten stellten (gleich 660.000 Mann), nahm die Welt hin oder gar nicht bewusst zur Kenntnis.

Nach einem Vierteljahr, im April 1991, endete dieser **Zweite Golfkrieg**, den die USA »Desert Storm« genannt hatten. Etwa 76.000 US-Soldaten blieben danach unwidersprochen in der Region. Vor allem aber hatten die USA in diesem Krieg zahlreiche neue Waffensysteme und das nach dem Vietnamkrieg entwickelte AirLand-Battle-Konzept testen können.

Die Entscheidung des UN-Sicherheitsrates, mit der dieser Krieg völkerrechtlich legalisiert worden war, wurde aufgrund erfundener Gräuelnachrichten getroffen. Als dies bekannt wurde, hatte der Krieg bereits stattgefunden. Man quittierte dies als Kollateralschaden. So hatte beispielsweise eine Krankenschwester vor der UNO mit tränenerstickter Stimme von brutalen Säuglingsmorden und ein Arzt als Zeuge von ähnlichen Verbrechen irakischer Soldaten berichtet.

Bei der vermeintlichen Krankenschwester handelte es sich um die fünfzehnjährige Tochter des kuweitischen Botschafters in den USA; der angebliche Chirurg war ein Zahnarzt. Die Texte dieser angeblichen Augenzeugen hatte eine New Yorker PR-Firma geschrieben, die Operation war von der US-Organisation *Citizens for a Free Kuwait* finanziert worden.

Aus welchem Haushalt das Honorar für die Lügen stammte, kann man ahnen.

Der **Dritte Golfkrieg**, zwölf Jahre später, wurde in gleicher Weise inszeniert. US-Außenminister Collin Powell präsentierte im UN-Sicherheitsrat angebliche Beweise für die Existenz biologischer und chemischer Massenvernichtungsmittel und zeigte großformatige Luftbilder von Produktionsstätten nuklearer Waffen in Irak. Weil Russland, Frankreich, China und das nichtständige Ratsmitglied BRD einen Krieg gegen den Irak aber ablehnten und die Fortsetzung der Inspektionen im Irak befürworteten, schmiedeten die USA eine »Koalition der Willigen«.

Bereits Monate zuvor, im Oktober 2002, hatte der US-Kongress die von Präsident George W. Bush jr. vorgelegte Strategie für Präventivkriege ohne UN-Mandat beschlossen.

Unerheblich, dass keine Massenvernichtungsmittel in Irak existierten – auch dieser Kriegsgrund erwies sich als Lüge. Außenminister Powell trat 2005, als dies publik wurde, von seinem Amt zurück.

Die USA erklärten am 1. Mai 2003 den Krieg als siegreich beendet – Saddam Hussein war gestürzt, ein ihnen höriges Regime in Bagdad installiert, die irakischen Öl-Quellen unter US-Kontrolle.

Der Angriffskrieg der USA und Großbritanniens gegen den Irak war eindeutig völkerrechtswidrig und bedeutete einen Bruch der UN-Charta, die Angriffskriege explizit untersagt.

In **Afghanistan** intervenierten die USA fast zeitgleich. Der Anschlag auf das Worl Trade Center in New York am 11. September 2001 lieferte US-Präsident George W. Bush den Grund, einen »Krieg gegen den Terror« auszurufen. Der UN-Sicherheitsrat erklärte bereits am Tag nach dem Anschlag diesen als »Bedrohung des Weltfriedens und der nationalen Sicherheit« (Resolution 1368). Weil darin Bezug genommen wurde auf die Artikel 39 und 51 der UN-Charta, also der Anschlag als bewaffneter Angriff gewertet wurde, leiteten die USA daraus für sich das Recht auf Selbstverteidigung ab. Und da sie die Drahtzieher für den Terroranschlag in Afghanistan verorteten, hielten sie einen Feldzug gegen die in Afghanistan herrschenden Taliban und Al-Quaida für völkerrechtlich legitimiert: Sie nahmen schließlich das in der UN-Charta fixierte Recht auf Selbstverteidigung wahr.

Erstmals seit ihrer Gründung 1949 erklärte die NATO und deren Führungsmacht den Verteidigungsfall gegenüber einem Aggressor. Oder wie es ein deutscher Verteidigungsminister am 11. März 2004 umschrieb: »Unsere Sicherheit wird nicht nur, aber auch am Hindukusch verteidigt.«

Bundespräsident Horst Köhler wurde am 22. Mai 2010 erheblich deutlicher, als er die deutsche Beteiligung im Afghanistankrieg begründete. In einem Rundfunkinterview hatte er gesagt: »Meine Einschätzung ist aber, dass insgesamt wir auf dem Wege sind, doch auch in der Breite der Gesellschaft zu verstehen, dass ein Land unserer Größe mit dieser Außenhandelsorientierung und damit auch Außenhandelsabhängigkeit auch wissen muss, dass im Zweifel, im Notfall auch militärischer Einsatz notwendig ist, um unsere Interessen zu wahren, zum Beispiel freie Handelswege, zum Beispiel ganze regionale Instabilitäten zu verhindern, die mit Sicherheit dann auch auf unsere Chancen zurückschlagen negativ durch Handel, Arbeitsplätze und Einkommen. Alles das soll diskutiert werden und ich glaube, wir sind auf einem nicht so schlechten Weg.«

Das Staatsoberhaupt der BRD, die sich am NATO-Krieg der USA in Afghanistan beteiligte, hatte – sprachlich verschwurbelt, aber in der Sache unmissverständlich – den bestehenden Zusammenhang zwischen dem Militäreinsatz und wirtschaftlichen Interessen hergestellt. Seine Offenheit, mit der er den imperialistischen Kontext klar ausgesprochen hatte, kostete Köhler das Amt.

Die USA zogen im Sommer 2021 aus Afghanistan ab, zwangsläufig auch ihre NATO-Verbündeten: der Einsatz zu teuer, der strategische Gewinn zu gering. Die Brown University schätzte die Kosten der USA von 2001 bis 2019 auf 975 Milliarden Dollar, die deutschen Aufwendungen vermuteten die Experten zwischen 12,5 Millarden[12] und 59 Milliarden Euro[13].

Auch in Europa begann die »westliche Wertegemeinschaft« unter der Führung der USA – ebenfalls scheinbar gedeckt von internationalem Recht – sukzessive die neue Nachkriegsordnung durchzusetzen.

Nach diversen auch vom Ausland provozierten und protegierten ethnischen Auseinandersetzungen und der Bildung verschiedener Staaten auf dem Territorium der Sozialistischen Föderativen Republik Jugoslawien, deren Unabhängigkeit umgehend von den EU-Staaten anerkannt worden war, blieben von der SFRJ nur noch Serbien und Montenegro übrig. 1992 bildeten beide die **Bundesrepublik Jugoslawien**, die durch den Sieg der Sozialistischen Partei des serbischen Präsidenten Slobodan Milošević bei den Wahlen zum Bundesparlament demokratisch legitimiert war – auch wenn die Kosovo-Albaner der Wahl ferngeblieben waren.

Die weniger als zwei Millionen Bewohner des Kosovo – einer einst autonomen Region innerhalb der SFRJ: mit knapp elftausend Quadratkilometern nicht annähernd so groß wie Thüringen – erklärten sich nach einem Referendum 1992 für unabhängig.

Die von albanischen Nationalisten forcierte »Unabhängigkeitsbewegung« rief einen Separatistenstaat namens »Republik Kosova« aus. Deren paramilitärische »Befreiungsarmee des Kosovo« (UÇK) nahm den bewafften Kampf gegen die Bundesrepublik Jugoslawien auf. (Nebenbei: Laut westlichen Geheimdiensten finanzierte sich die UÇK – man ging von 500 bis 900

Millionen D-Mark aus – zu großen Teilen mit illegalem Rauschgifthandel. Die Polizeibehörde Europas in Den Haag wusste, dass »ein großer Teil des Rauschgift-Vertriebs in der Europäischen Union in den Händen der Kosovo-Albaner liegt«.[14]) Die Waffen der UÇK stammten aus NATO-Staaten, aus Beständen der ehemaligen jugoslawischen Volksarmee – erworben in den ehemaligen Republiken sowie in einstigen Mitgliedsländern des Warschauer Vertrages. Die Ausbildung besorgten »private« Sicherheitsfirmen aus den USA, aus Großbritannien und der BRD. Und auch die CIA gewährte selbstlos Unterstützung. Zunächst gab es Mordanschläge auf serbische Polizisten, Zivilisten und sogenannte Kollaborateure: Albaner, die mit den Einrichtungen der Bundesrepublik Jugoslawien zusammenarbeiteten. Dann folgten militärische Auseinandersetzungen – im Sommer 1998 wurde ein Drittel der Region als »befreites Territorium« bezeichnet.

Die Bundesregierung in Belgrad unterband diese sezessionistisch-terroristischen Aktionen, indem sie militärisch gegen die UÇK vorging, um die territoriale Integrität der Bundesrepublik Jugoslawien und den inneren Frieden des Landes zu sichern.

Seit 1992 hatte »der Westen« gegen die Bundesrepublik Jugoslawien Sanktionen verhängt. Zum einen, weil man das Wahlergebnis nicht akzeptierte (die USA und die EU zogen 1992 ihre Botschafter ab, weil sie die Bundesrepublik Jugoslawien zudem nicht als Rechtsnachfolger der SFRJ anerkannten), zum anderen, weil es Belgrad nicht hinnahm, aus eben diesem Grunde aus der UNO-Vollversammlung ausgeschlossen zu werden. Sie lehnte es ab, dass sich sowohl Serbien als auch Montenegro um einen Platz neu bewarb.

Auch dem neuerlichen Diktat der Westmächte widersetzte sich Belgrad. Nach einer angeordneten »Friedenskonferenz« im französischen Château Rambouillet zwischen Vertretern der Bundesrepublik Jugoslawien, den Separatisten und einer »Kontaktgruppe« – bestehend aus Vertretern der USA, der EU und Russlands (unter Jelzin) – lag ein Ultimatum auf dem Tisch. Falls das Abkommen – das die territoriale Integrität des Bundesstaates durch eine sehr weitgehende Autonomie des Kosovo infrage stellte – nicht unterzeichnet werden sollte, drohte die NATO die Bombardierung Jugoslawiens an.

Maßgeblich verantwortlich für dieses erpresserische Papier war US-Außenministerin Madeleine Albright.

Ein am 15. März 1999 von Serbien unterbreiteter überarbeiteter Vertragsentwurf blieb unbeachtet. Ebenso die am 23. März in der serbischen Nationalversammlung verabschiedete Resolution, in der die OSZE um Hilfe bei der Erzielung einer diplomatischen Lösung angerufen wurde. Die Resolution wurde in den deutschen Medien nicht einmal zur Kenntnis genommen. Sie zielte auf ein politisches Abkommen über eine Autonomie des Kosovo unter vollständiger Gleichheit aller Bürger und ethnischen Gruppen bei Achtung der Souveränität Serbiens und der BR Jugoslawiens.

Am 24. März 1999 begann die Bombardierung Jugoslawiens durch die NATO.

»Der Rambouillet-Text, der Serbien dazu aufrief, den Durchmarsch von NATO-Truppen durch Jugoslawien zu genehmigen, war eine Provokation, eine Entschuldigung dafür, mit den Bombardierungen beginnen zu können. Kein Serbe mit Verstand hätte Rambouillet akzeptieren können. Es war ein ungeheuerliches diplomatisches Dokument, das niemals in dieser Form hätte präsentiert werden dürfen«, urteilte schon wenige Wochen später Henry Kissinger.[15] Achtzig Prozent der Brüche des Waffenstillstandsabkommens zwischen UÇK und den Streitkräften der Bundesrepubik Jugoslawien – die ja als Grund für die militärische Intervention der NATO angegeben worden waren – wurden von den Kosovo-Albanern begangen. »Es war kein Krieg der ethnischen Säuberung zu dieser Zeit. Wenn wir die Lage korrekt analysiert hätten, hätten wir versucht, den Waffenstillstand zu unterstützen und nicht die ganze Schuld auf die Serben geschoben«, so der Ex-Außenminister der USA Kissinger.

Die Entscheidung zum Krieg der NATO gegen Jugoslawien wurde nicht nur vom grünen Außenminister der BRD getragen, sondern von ihm persönlich auch durchgesetzt. Auf dem Parteitag im Mai 1999 in Bielefeld behauptete Joschka Fischer demagogisch, es habe im Kosovo ein neues Auschwitz gedroht. »Auschwitz ist unvergleichbar. Aber ich stehe auf zwei Grundsätzen, nie wieder Krieg, nie wieder Auschwitz, nie wieder Völkermord, nie wieder Faschismus. Beides gehört bei mir zusammen.«[16] Selbst deutsche Militärs sprachen von einer »ungeheuerlichen Behauptung«, für die man sich als Deutscher schämen müsse. (Diese Feststellung traf Brigadegeneral Heinz Loquai, der von 1995 bis 1999 zur deutschen Vertretung der OSZE in Wien gehörte. Er musste allerdings seine Tätigkeit als Militärberater beenden, nachdem das Bundesverteidigungsministerium interveniert hatte.)

Weil der Angriffskrieg der NATO gegen die Bundesrepublik Jugoslawien ohne völkerechtliche Legitimation blieb, erzeugte insbesondere der deutsche Außenminister Fischer, Intimus der US-Außenministerin Albright, moralischen Druck mit dem Auschwitz-Verweis. Und zur Verstärkung erfand man den sogenannten Hufeisenplan. Angeblich – so Fischer (Grüne) und Verteidigungsminister Scharping (SPD) – habe Belgrad die »ethnische Säuberung« des Kosovo geplant. Dieser Säuberung habe man mit einem Angriff zuvorkommen müssen. US-Präsident Clinton hatte fünf Tage *nach* Beginn des Krieges ohne UN-Mandat der Weltöffentlichkeit eben jene Ungeheuerlichkeit präsentiert.

Die Existenz eines solchen »Hufeisenplanes« wurde und wird bezweifelt. Selbst das Haager Kriegsverbrechertribunal bewertete diesbezügliche Unterlagen als »von geringer Aussage- und Beweiskraft«, sie wurden nicht einmal in den Anklageschriften im Verfahren gegen Slobodan Milošević verwandt. (Milošević war Parteivorsitzender des Bundes der Kommunisten Serbiens [1986-1989], Gründer und langjähriger Vorsitzender der Sozialistischen Partei Serbiens [1990-2006]. Er fungierte als Präsident der Sozialistischen Republik Serbien [1989-1991], Präsident der Republik Serbien

[1991-1997] und Präsident der Bundesrepublik Jugoslawien [1997-2000]. Im Zusammenhang mit dem Kosovokrieg wurde er 1999 als erstes Staatsoberhaupt noch während seiner Amtsausübung von einem Kriegsverbrechertribunal wegen Völkermordes angeklagt. Er wurde 2001 verhaftet und an Den Haag ausgeliefert. Milošević starb 2006, noch vor Abschluss des Verfahrens, in Haft.)

Wie der »Hufeisenplan« erwiesen sich auch die vermeintliche Existenz von serbischen Konzentrationslagern oder angebliche Massenexekutionen durch Serben als reine Erfindungen. Mehrere als ermordet gemeldete kosovoalbanische Intellektuelle beispielsweise tauchten plötzlich wieder auf, berichteten deutsche Medien.

Zwei Jahre später, 2001, hieß es in einer *WDR*-Dokumentation[17], dass die ganze Geschichte zur vermeintlichen Abwehr einer »humanitären Katastrophe« frei erfunden gewesen sei und einzig der Rechtfertigung des Krieges gedient habe.

Diesen »Hufeisen-Plan«, so wurde später behauptet, habe der bulgarische Geheimdienst über das bulgarische Außenministerium dem deutschen Verteidigungsministerium zugespielt. Allerdings wurden nie Details dieses vorgeblichen Planes publik.

Die Abwehr der »humanitären Katastrophe« – von der Mehrheit der Völkerrechtler als illegal bezeichnet – endete nach 78 Tagen. Unter dem militärischen Druck der NATO billigte das serbische Parlament am 3. Juni 1999 den »Friedensplan« der G8-Staaten und die Kernforderungen der NATO. Am 9. Juni unterzeichnete die jugoslawische Regierung das *Abkommen von Kumanovo*, das den Rückzug der jugoslawischen Soldaten und den Einmarsch der internationalen Sicherheitstruppe ***Kosovo Force*** (KFOR) vorsah. (Jelzin hatte auf Wunsch des Westens Serbien die weitere Unterstützung versagt, weshalb Belgrad kapitulierte. Die Russen ließen also mal wieder einen Verbündeten fallen.)

2006 trennten sich Serbien und Montenegro, damit war die Bundesrepublik Jugoslawien Geschichte. 2008 erklärte sich das Kosovo für unabhängig. Serbien – dem 1913 auf der Botschafterkonferenz in London das Kosovo zugeschlagen worden war – wies diese Sezession als unzulässig zurück. Und auch das Völkerrecht deckte diese einseitige Abspaltung nicht, sie verstieß gegen die territoriale Integrität. (2017 votierten z. B. mehr als neunzig Prozent der Katalanen für die Unabhängigkeit Kataloniens von Spanien. Die anschließend proklamierte Republik endete damit, dass die Zentralregierung in Madrid die katalanische Regierung entmachtete, Neuwahlen zum Regionalparlament ansetzte und die Protagonisten der Unabhängigkeitsbewegung juristisch verfolgte. Der Präsident Kataloniens, Carles Puigdemont, floh ins Ausland. Die USA erklärten die Sache zu einer »inneren Angelegenheit Spaniens«, Frankreich desgleichen, der UNO-Generalsekretär sagte, dass sich Katalonien nicht auf das Selbstbestimmungsrecht der Völker berufen könne, da es bereits über Autonomie innerhalb des spanischen Staates verfüge …)

»Die Anerkennung des Kosovo aus rechtlicher Perspektive (ist) fragwürdig und nicht konform mit dem

Völkerrecht«, hieß es 2009 in einer juristischen Analyse. »Bei genauerer Betrachtung war das Verhalten derjenigen Staaten, die den Kosovo anerkannten, vor allem durch politische Motive dominiert. Den rechtlichen Aspekten wurde lediglich eine sekundäre Bedeutung beigemessen.«[18]

Nun, von den 193 Mitgliedsstaaten der UNO maßen 115 den rechtlichen Aspekten lediglich sekundäre Bedeutung bei – sie anerkannten den Separatistenstaat, den das Autonome Parlament am 17. Februar 2008 proklamiert hatte. Ob ausnahmslos alle anerkennenden Staaten ihre Entscheidung frei und unabhängig trafen, kann bezweifelt werden.

Die serbische Regierung betrachtet unverändert das Kosovo formal als seine *Autonome Provinz Kosovo und Metochien*, räumt jedoch ein, dass eine »serbische Souveränität über den Kosovo praktisch nicht vorhanden ist« und die »wahren Grenzen« Serbiens in der Zukunft noch zu bestimmen seien.

Bei der Bombardierung von Belgrad, Niš und Novi Sad 1999 wurden in Serbien 54 Objekte der Verkehrsinfrastruktur, 148 Gebäude, 300 Schulen, Krankenhäuser und Verwaltungseinrichtungen sowie 176 Kulturdenkmäler, darunter 23 mittelalterliche Klöster, zerstört. Zu den größten kulturellen Verlusten zählt die Vernichtung eines Teils des Depots der weltweit einzigartigen und zu den fünf größten Filmarchiven zählenden Sammlung der Jugoslawischen Kinemathek.

Die Botschaft der Volksrepublik China wurde »versehentlich« getroffen.

Während des Krieges wurden von der NATO mindestens 35.000 Geschosse (etwa zehn Tonnen) mit abgereichertem Uran verschossen. Auch Clusterbomben und Landminen wurden eingesetzt.

Der Europarat rügte das Bombardement der NATO als Verletzung der Genfer Konvention – wegen der ökologischen Konsequenzen. Mehr nicht.

Insgesamt waren 1.200 Kampfflugzeuge aus vierzehn NATO-Staaten im Einsatz.

Die »ethnischen Säuberungen«, die die NATO vorgab zu verhindern, fanden – wen überrascht das? – erst nach diesem Krieg statt: Es erfolgte eine systematische Diskriminierung von Nichtalbanern. Nahezu 350.000 Menschen, darunter viele Roma, wurden aus dem Kosovo vertrieben.

Die Bundesrepublik Jugoslawien hatte am 29. April 1999 beim Internationalen Gerichtshof (IGH) in Den Haag Klage gegen die NATO-Mitgliedstaaten Belgien, Deutschland, Frankreich, Italien, Kanada, die Niederlande, Portugal, Spanien und die USA eingereicht, weil diese gegen völkerrechtliche Grundsätze verstoßen und sich des Völkermordes schuldig gemacht hatten. Mit ihrer Intervention hatten diese Staaten auch die Souveränitätsrechte missachtet.

Das Verfahren wurde jedoch ohne Entscheidung in der Sache wegen *Nichtzuständigkeit des Gerichtes* wieder eingestellt – Jugoslawien sei während des Krieges kein Mitglied der UNO gewesen, lautete die Begründung …

Warum aber, so ist nüchtern zu fragen, führten die USA keine zehn Jahre nach der angeblichen Beendigung des Kalten Krieges in Europa diesen heißen Krieg auf dem Balkan?

Nach Einschätzung selbst der USA war (und ist) diese Region fest in der Hand der Organisierten Kriminalität, ein Zentrum des Drogenschmuggels, des Menschenhandels und der Geldwäsche. Das oder der Kosovo – beide Artikel sind zulässig – kostet Geld, ist ein Fass ohne Boden, bereitet politische Probleme und ist als selbstständiger Staat nicht lebensfähig.

In einer vertraulichen Studie des Bundesverteidigungsministeriums von 2007, die auf sechs Monate währenden Untersuchungen fußte, wurde auch darauf aufmerksam gemacht, dass es Differenzen zwischen der EU und der USA beispielsweise im Umgang mit den Kriminellen im Lande gebe. »So gilt es als gesichert, dass insbesondere die illegalen Geheimdienste der drei großen Parteien das politische Leben im Kosovo maßgeblich dominieren und im Grenzbereich der internationalen Wahrnehmungsschwelle einen Machtkampf um wirtschaftliche, politische und kriminelle Interessen austragen«[19], hieß es dort. »Die in einigen Fällen dokumentierte Verstrickung der USA in die Fluchtaktivitäten von Kriminellen sowie die teils offene Behinderung europäischer Ermittlungsbemühungen«, so die geheime Studie des Bundesverteidigungsministeriums weiter, lassen »Zweifel an den amerikanischen Zielen und Methoden wachsen«.

Warum also dieses Engagement der USA?

Es ging nicht *um* das Kosovo, sondern *gegen* Serbien, das als Verbündeter Russlands galt (und gilt). Der NATO-Krieg gegen die Bundesrepublik Jugoslawien –

Montenegro war angesichts des Drucks der NATO schon 1999 auf Distanz zu Serbien gegangen, weshalb die Aufnahme in die EU und in die NATO in Aussicht gestellt wurde – war Teil der Neuordnung der Welt. Die USA wurden auf dem Balkan aktiv, um dort den Einfluss Russlands zurückzudrängen. Und sie hatten in den deutschen Grünen, die seit 1998 Regierungspartei waren, willfährige Vollstrecker.

Deutschland war mit Billigung und Hilfe der USA 54 Jahre nach dem Ende des Zweiten Weltkriegs wieder in den Krieg gezogen. Der Grundsatz, auf den sich die Führungen der BRD und der DDR in den siebziger und achtziger Jahren verständigt hatten, dass nämlich von deutschem Boden nie wieder Krieg, sondern nur Frieden ausgehen dürfe, war damit erledigt.

Kleiner Exkurs zum Kulturkampf der CIA

Im Rahmen des Kalten Krieges gegen die Sowjetunion begann in den USA mit McCarthy nach 1945 die systematische Verfolgung von Kommunisten und von Menschen, die in Verdacht standen, Kommunisten zu sein. Insbesondere Künstler, vor allem jene, die vor den Nazis in die USA geflohen waren – Schriftsteller, Maler, Wissenschaftler, Architekten –, galten als suspekt. Sie gehörten in Europa zur Avantgarde und trafen in den USA auf eine piefige, nationalistische, reaktionäre Gesellschaft, die verstört auf deren Werke reagierte. Der Republikaner George Dondero brandmarkte im Kongress moderne Kunst als zerstörerisch und kommunistisch, und ein Parteifreund entdeckte in der modernen Malerei eine Spionagetechnik des Kreml: »Wer weiß, wie man sie lesen muss, dem verraten moderne Gemälde die Schwachstellen in der amerikanischen Landesverteidigung und die Lage wichtiger Bauten wie des Hoover-Staudamms.«

Außenminister George Marshall ordnete an, Künstler mit Verbindungen zum Kommunismus nicht mehr zu unterstützen.

1995 offenbarte CIA-Stratege Thomas Braden (1917-2009) den vermeintlich größten Kunst-Coup der Agency. Bereits bei Gründung der ***Central Intelligence Agency*** (CIA) 1947 war ein Kulturauftrag in deren Programm aufgenommen worden. Auf dem Höhepunkt dieses Programms beeinflusste die CIA mehr als 800 internationale Zeitungen, Magazine und Nachrichtenagenturen. 1950 war dazu die *International Organizations Division* gegründet worden, die aus dem Marshall-Plan finanziert wurde. Mit dem Geld des Geheimdienstes wurden sogar Hollywood-Filme gedreht (selbst George Orwells »Farm der Tiere«), wurden Jazzmusiker auf Europatour geschickt, Kulturveranstaltungen und -vereinigungen auf dem Kontinent gesponsert und insbesondere Maler gefördert, die dem Abstrakten Expressionismus zuneigten. Im Abstrakten Expressionismus wurde ein mächtiges politisches Werkzeug gegen den sozialistischen Realismus (= Kommunismus) gesehen: weil er ja von politischen Inhalten befreit war und nur an der Ästhetik interessiert schien.

Und während die CIA Militärputsche in Guatemala und dem Iran vorbereitete und mit Gehirnwäsche experimentierte, schickte Tom Bradens CIA-Abteilung amerikanische Kunstausstellungen um die Welt, und nebenbei unterstützte sie westliche Politiker und Gewerkschafter mit Geldzuwendungen, um das Hohelied auf die USA und deren Way of Life zu singen. 1950 hob man in Westberlin den Kongress für kulrurelle Freiheit (***Con**gress for **C**utural **F**reedom*, CCF) aus der Taufe.

Die Leitung dieser antikommunistischen, von der CIA finanzierten Kulturorganisation saß von 1950 bis 1969 in Paris. Ihre Aufgabe bestand darin, hochrangige europäische Künstler und Schriftsteller in ihrem Sinne zu beeinflussen, sie in ihrer prowestlichen, proamerikanischen Haltung zu bestärken und gegen das sozialistische Lager zu positionieren. Der CCF finanzierte linksliberale Schriftsteller wie Heinrich Böll und Siegfried Lenz, Zeitschriften wie *Der Monat* (Melvin Lasky, André Gide, Arthur Koestler, Stephen Spender), *Tempo presente, Preuves, Cuadernos, FORVM, Encounter* und *Freedom First* in Bombay, die nicht nur gegen den Kommunismus, sondern auch gegen Kritiker der USA wie Thomas Mann, Jean-Paul-Sartre und Pablo Neruda zu Felde zogen.

Die vom Kongress für kulturelle Freiheit über die genannten Zeitschriften favorisierte abstrakte Kunst nannte sich Informelle Kunst oder Abstrakter Expressionismus. Mit ihr versuchte man die Entideologisierung jeder Kunst, eine entsprechende Kampagne in den sechziger Jahren zielte auch auf Journalisten und Medienschaffende. »Unter dem Banner des Antikommunismus traten *Der Monat* und der CCF in Westdeutschland unter anderem für eine ideell-kulturelle Anpassung an die Vorgaben des angelsächsisch konnotierten Westens ein«, schrieb Michael Hochgeschwender in seiner Einleitung zum »Manifest« des Kongresses. »Insbesondere propagierte man gegen die deutsche geistesgeschichtliche Tradition den bewusst politischen, liberalen Intellektuellen und beförderte innerhalb der SPD konsensliberales und keynesianisches Gedankengut, was dazu beigetragen haben dürfte, die Godesberger Wende der SPD zur nichtmarxistischen Volkspartei 1959 zu befördern.«[20]

Ende der sechziger Jahre verlor der CCF an Einfluss, nachdem die *New York Times* den Geldgeber CIA und die damit verbundenen Intentionen veröffentlicht hatte. Aber, so Hochgeschwender, Professor für Nordamerikanische Geschichte an der Ludwig-Maximilians-Universität München, »in Westdeutschland fand sich immerhin bis 1976 eine lokale Sektion des alten, längst untergegangenen CCF in Hamburg, wo sich aus dem Umfeld der Redaktion der *Zeit* einige Redakteure, darunter Marion Gräfin Dönhoff, fanden, die mit dem gemäßigten liberalen Antikommunismus und Reformismus des CCF sympathisiert hatten.«[21]

Warum, so ist zu fragen, soll sich nicht aus dieser Ursuppe auch die grüne Bewegung entwickelt und gespeist haben? Nicht grundlos gehören dem 1952 gegründeten *Transatlantischen Verein* nicht wenige Grüne an. Das am 4. Juli 1956 in *Atlantik-Brücke* umbenannte Elite-Netzwerk gilt als »eine der einflussreichsten und exklusivsten Organisationen der Berliner Republik«, meinte die *Süddeutsche Zeitung* am 30. Juni 2010, ein privater, überparteilicher und gemeinnütziger Verein, der aus etwa fünfhundert hohen Vertreten der Wirtschaft, Politik und Medien besteht, ein Think Tank.

»Die Atlantik-Brücke wird ergänzt von gastfreundlichen wie CIA-nahen Think Tanks wie dem berüchtigten *Aspen Institut* und eben den sagenumwobenen (aber nun einmal realen) *Bilderbergern*, deren elitäre Mitglieder sich mit Atlantikbrücklern überschneiden«, schrieb Medienanwalt Markus Kompa 2014.[22] »Die Nähe zur CIA wird nicht einmal verhehlt, verleiht die Atlantik-Brücke doch ganz offiziell den *Vernon Walters Award* – gewidmet einem stellvertretenden CIA-Direktor, der in denkbar schmutzige Staatsstreiche wie im Iran (1954), in Brasilien (1964) und Chile (1973) involviert war und in den 1960er Jahren Subversion gegen Gewerkschaften in Italien betrieben hatte. Den östlichen Geheimdiensten galt der geschworene Kommunistenhasser Walters als der Drahtzieher schlechthin.«

Ich habe über diesen Generalleutnant Vernon A. Walters (1917-2002) ein Buch veröffentlicht[23]. Der Pensionär Walters war von Ex-CIA-Direktor George Bush, nunmehr Präsident der USA, 1989 reaktiviert und als Botschafter in die BRD geschickt worden. Es gehe ums Ganze, hatte ihm sein Chef mit auf den Weg nach Europa gegeben. Walters erklärte am 10. Januar 1989 in der *Frankfurter Allgemeinen Zeitung*: »Ich werde nicht geschickt, wenn ein Erfolg wahrscheinlich ist. Eine meiner Hauptaufgaben ist es, die Letzte Ölung zu geben, kurz bevor der Patient stirbt.« Nach Beendigung seiner Mission in Bonn, die in der Niederholung der Staatsflagge der Sowjetunion im Kreml gipfelte, und der Rückkehr auf seinen Ruhesitz in Florida ehrte ihn Bush sr. im November 1991 mit der höchsten Auszeichnung der Vereinigten Staaten, der »Freiheitsmedaille des Präsidenten«. In der Laudatio formulierte das Weiße Haus: »Als Soldat und Staatsmann hat General Vernon Walters den Dienst für sein Vaterland als sein Lebenswerk betrachtet. Er diente in unterschiedlicher Weise sechs Präsidenten im Verlauf eines halben Jahrhunderts mit ständigen Veränderungen, vom Zweiten Weltkrieg durch den langandauernden Kalten Krieg bis zum Fall der Berliner Mauer. Er diente auf den Schlachtfeldern Europas und in den Führungsgremien der NATO, der UNO und der CIA, als Botschafter und als Helfer der Präsidenten.

Dieser außerordentliche Abenteurer und Intellektuelle stellte seine diplomatischen, fremdsprachlichen und taktischen Fähigkeiten der Sache des Weltfriedens und der individuellen Freiheiten zur Verfügung. Amerika ehrt diesen standfesten Verteidiger unserer Interessen und Ideale, diesen wahrhaften Vorkämpfer der Freiheit.«

Ob die Blutspur dieses »bewährten diplomatischen Schlachtrosses« des Kalten Krieges (Egon Bahr) der »Sache des Weltfriedens« gedient hat, wie es in der Laudatio formuliert worden war, muss bezweifelt werden.

Die Grand Strategy mehr als nur das Vorspiel für die Neue Weltordnung

Der Einsatz von Geheimdienstgeneral Walters als Botschafter in Westeuropa war das personelle Kernstück der in der Bush-Administration 1988/89 entwickelten *Grand Strategy*. Der US-Botschafter in Bonn war die Schlüsselfigur bei der Liquidierung des europäischen Sozialismus. Die politisch-subversive Rolle hatten führende Geheimdienstexperten erdacht, und umgesetzt wurde die Strategie von erfahrenen Subversionsspezialisten vor Ort.

Robert L. Hutchings, langjähriger leitender Mitarbeiter von ***Radio Free Europe*** (RFE) und Abteilungsleiter für Europapolitik im Nationalen Sicherheitsrat der USA (NSC) von 1989 bis 1992, definierte die *Grand Strategy* so: Sie »bedeutet in der Sprache der Diplomatie eine Art von höherer Strategie, die die Integration von Politik und Macht im Auge hat, um nationale Ziele unter Umgehung eines Krieges zu erreichen. Daher ist dieser Begriff ausgesprochen passend für die Beschreibung der amerikanischen Diplomatie am Ende des Kalten Krieges.«[24]

Die Bush-Administration setzte sich von der verbal-aggressiven Politik Ronald Reagans ab; in den Augen ihrer Experten sicherte Reagan durch die Gespräche mit der Sowjetführung und die Rüstungskontrollverhandlungen den Status quo zum Vorteil der Sowjetunion, ohne an Grundpositionen zu rütteln. In den Analysen für den amtierenden Präsidenten formulierten die Sowjetexperten eine Korrektur. Die amerikanische Politik solle sich nicht mehr auf Unterstützung des Generalsekretärs der KPdSU, Michail Gorbatschow, orientieren, sondern die Politik die Sowjets herausfordern, um sie zu zwingen, ihrer Politik eine Richtung zu geben, die den Interessen der USA diente.

Robert L. Hutchings – Träger des Verdienstordens der Republik Polen – kommentierte später jene strategischen Planungen, die auf alten Konzeptionen des Kalten Krieges fußten: »Allem voran kehrten wir zum Prinzip der atomaren Abschreckung zurück und erweiterten unsere Sowjetunion-Politik von Reagans engem Fokus auf Rüstungskontrolle zu einer sehr viel ambitionierteren Agenda.«[25]

Im Mai 1989 deutete Bush diesen Kurswechsel an. In einer Rede vor Studenten der Universität Texas sagte er, dass es Zeit sei, über die Eindämmungspolitik hinauszugehen und die Integration der Sowjetunion in die »Staatengemeinschaft« zu realisieren.

Jeder politisch Denkende konnte das so interpretieren, wie es gemeint war. Denn ohne einen radikalen Politikwechsel in Moskau war eine Einbindung in die »westliche Wertegemeinschaft« ausgeschlossen.

Die wesentlichen Elemente der alt-neuen Strategie des Nationalen Sicherheitsrates der USA lauteten:

➤ Durchsetzung einer neuen Psychologie in den Ost-West-Beziehungen. Sie sollten sowohl aggressiver als auch erfolgsorientierter gestaltet werden als bisher. Keine Aktivitäten zur Erhaltung des Status quo, sondern ein ständiges Reagieren/Entgegenkommen der Sowjetführung auf die Interessen und Wünsche der USA erzwingen.

➤ Disziplinierung der Partner in der westlichen Allianz. Sie sollten auf eine einheitliche Linie der transatlantischen Partnerschaft eingeschworen werden. Der Stabschef des Weißen Hauses John Sununu: Washington müsse Westeuropa »in Reih und Glied peitschen«.

Die Erklärung des NATO-Gipfels in London im Dezember 1989 zeigte, dass die Allianz dieser Strategie der USA-Administration folgte.

➤ Die Anstrengungen zur politischen Liberalisierung Ostmitteleuropas (der »weiche Unterleib« des Sowjetimperiums) sollten forciert werden mit dem Ziel, dass diese Staaten sich sukzessiv von Moskau lösten und nach eigener Unabhängigkeit strebten.

➤ Die sowjetische Führung sollte – weit über das von ihr bislang praktizierte Neue Denken hinaus – mit Forderungen konfrontiert werden, die sich mit den sowjetischen Ursachen und nicht mit den beidseitigen Folgen des Ost-West-Konfliktes beschäftigten.

Ein Angriffspunkt war die Vorstellung Michail Gorbatschows von einem »gemeinsamen europäischen Haus«. Aus Sicht der USA zielte das auf die Stabilisierung des Status quo in Europa, den man ja überwinden wollte.

Die damit verbundene Ablehnung einer Einmischung von außen in die inneren Angelegenheiten der osteuropäischen Staaten sollte ebenfalls erledigt werden. Hutchings: »Das Endziel schließlich war die Beendigung des Kalten Krieges und die Überwindung der Teilung Europas durch eine friedliche, demokratische Umgestaltung seiner östlichen Hälfte.«[26]

Die Intentionen dieser Strategie fanden ihren Niederschlag in der Direktive des Nationalen Sicherheitsrates Nr. 23. Als hilfreich für die Umsetzung erwies sich auch die Tatsache, dass Gorbatschow die seit 1968 praktizierte »Breshnew-Doktrin«[27] aufgab und damit dem Westen im Einflussbereich der Sowjetunion mehr Spielraum ließ. Washington brauchte Moskau nur bei dessen Wort zu nehmen. In der NSC-Direktive Nr. 23 hieß es darum: »Die Vereinigten Staaten werden die Sowjetunion Schritt für Schritt, Frage für Frage und Institution für Institution herausfordern, sich in Übereinstimmung mit jenen höheren Normen zu verhalten, die die sowjetische Führung selbst verkündet hat.«

Dem Todesstoß für den real existierenden Sozialismus in Europa ging also voraus, die mit Moskau verbündeten Staaten aus dieser Beziehung zu lösen. Die Voraussetzungen dazu schienen in Polen, Ungarn und auch in der DDR günstig. Condoleezza Rice – seinerzeit als Diplomatin tätig, von 2001 bis 2005 Nationale Sicherheitsberaterin, vier Jahre Außenministerin unter Bush jr. – urteilte über die Lage in der DDR im Herbst 1989: »Nach Einschätzung der CIA war jetzt binnen weniger Monate mit einer völligen Umgestaltung Ostdeutschlands zu rechnen, die zu einer nichtkommunistischen Regierung und zu einem dramatischen Anwachsen des Verlangens nach Wiedervereinigung führen werde.«[28] Die Wiederherstellung der staatlichen Einheit Deutschlands war keineswegs das Ziel. Es war im Kalkül der US-Strategen allenfalls ein Nebenprodukt der »Überwindung der Teilung Europas«.

Allerdings entwickelte die Öffnung der Grenze durch die DDR am 9. November 1989 in der Folgezeit eine eigene Dynamik, erzeugte eine Schwungmasse für die Beseitigung des Realsozialismus, die man in Washington zwar erhofft, aber nicht in diesem Tempo und mit solcher Wirkung erwartet hatte.

Insofern konnte es nicht überraschen, dass US-Präsident und Ex-CIA-Chef George Bush als erster und zunächst einziger westlicher Staatschef die Chance für ein Rollback erkannte und die Entwicklung forcierte. Während die britische Premierministerin Thatcher abwartete, Frankreichs Präsident Mitterrand sogar in die DDR reiste und Ende 1989 einen Wirtschaftsvertrag für fünf Jahre schloss, stellte Bush die Weichen.

Expansion nach Osten

In jener Zeit wurde bereits die Zukunft der NATO und des Warschauer Paktes diskutiert, jetzt, wo doch der Kalte Krieg beendet sei und damit der Grund, weshalb die beiden Militärpakte überhaupt existierten, sich erledigt hatte. Egon Bahr fragte: »Wo bleibt der Feind, gegen den sich die NATO verteidigen soll? Die NATO hat keine Strategie mehr, weil es den Gegner nicht mehr gibt, den das Bündnis abschrecken sollte.«[29]

Am 31. Januar 1990 hielt Außenminister Genscher (FDP) in der Evangelischen Akademie in Tutzing eine Rede (an eben jenem Ort, an dem der SPD-Politiker Bahr 1963 sein außenpolitisches Konzept vom »Wandel durch Annäherung« entwickelt hatte). Was immer im Warschauer Pakt geschehe, eine Ausdehnung des NATO-Territoriums nach Osten, das heißt näher an die Grenzen der Sowjetunion heran, werde es nicht geben, sagte Genscher dort. Diese Sicherheitsgarantie sei für die Sowjetunion bedeutsam, denn der Wandel in Osteuropa dürfe »nicht zu einer Beeinträchtigung der sowjetischen Sicherheitsinteressen« führen. So auch Peter Brinkmann in seinem 2015 in der edition ost erschienenen Buch »Die NATO-Expansion. Deutsche Einheit und Osterweiterung«.

Am 7./8. Februar 1990 weilte US-Außenminister James Baker zu einem »Staatsbesuch« in Moskau und konferierte mit Gorbatschow. Baker versicherte Gorbatschow, dass sich die NATO »nicht einen Zentimeter ostwärts« bewegen werde, wenn Moskau der NATO-Mitgliedschaft des vereinigten Deutschland zustimmen würde.[30]

Diese Zusicherung wurde in jenen Tagen auch von anderen westlichen Politikern sinngemäß wiederholt.

Bush verfolgte allerdings ganz andere Pläne, in denen die sowjetischen Sicherheitsinteressen nicht vorkamen. Als man ihn später in privater Runde an diesen Schlüsselsatz Bakers erinnerte, soll der US-Präsident vehement erklärt haben: »Zur Hölle damit! Wir haben gesiegt, sie nicht.«[31]

Am 10. Februar, drei Tage nach Baker, war auch der BRD-Außenminister Genscher in Moskau. Es existiert das Protoll seines Gesprächs mit Außenminister Schewardnadse, aus dem sehr deutlich hervorgeht, »wie

Genscher proaktiv auf die sowjetische Seite zugeht und ihr in Aussicht stellt, die NATO nicht nach Osten zu erweitern. Schewardnadse reagiert darauf nur mit dem Satz: Er vertraue darauf, was der Außenminister sage.«[32]

In der gleichen *ZDF*-Dokumentation, die erstmals am 27. September 2015 ausgestrahlt wurde, bestätigte die US-Historikerin Mary Sarotte, dass sowohl Bundeskanzler Kohl als auch US-Außenminister Baker »im Februar 1990 Gorbatschow mündlich zugesichert haben, dass die NATO dort stehenbleibe, wo sie ist, das heißt in Westdeutschland. Aber alles nur mündlich, nicht schriftlich.«[33]

Baker soll nach seinem Gespräch mit Schewardnase am 7. Februar 1990 in sein Notizbuch geschrieben und dabei kunstvoll einige Worte mit Sternchen verziert haben: »End result: Unified Ger. anchored in an *changed (polit.) Nato – *whose juris. would not move *eastward!« (Was sich etwa so übersetzen lässt: »Ergebnis: Das vereinigte Deutschland bleibt politisch in der NATO, die sich aber mit ihren Kräften nicht ostwärts ausdehnen wird!«)

Eine Notizblock aber ist kein politisches Dokument.

Am folgenden Tag, es war der 8. Februar, war Baker bei Gorbatschow und wiederholte auch ihm gegenüber: »Wir verstehen, dass es nicht nur für die Sowjetunion, sondern auch für die anderen europäischen Staaten wichtig ist, dafür Garantien zu geben, dass, wenn die USA im Rahmen der NATO ihre Anwesenheit in Europa aufrecht erhalten werden, eine Ausweitung der Jurisdiktion oder militärischen Anwesenheit der NATO nicht um einen Zoll in östlicher Richtung vonstatten geht. Wir meinen, dass Konsultationen im Rahmen des Mechanismus 2 + 4 Garantien dafür geben müssen, dass die Vereinigung Deutschlands nicht zur Ausweitung der militärischen Organisation der NATO auf den Osten führt.«[34]

Doch statt dass Gorbatschow an dieser Stelle erklärt hätte: Das nehmen wir zu Protokoll, wir halten das vertraglich fest oder dergleichen, reagierte er merkwürdig. »Wir überlegen uns das alles. Wir beabsichtigen, all diese Fragen auf der Ebene der Führung tiefgreifend zu beraten. Es ist selbstverständlich klar, dass eine Ausweitung der NATO-Zone nicht annehmbar ist.«

So wird der sowjetische Präsident gleichlautend in verschiedenen Quellen zitiert.

US-Außenminister Baker soll darauf geantwortet haben: »Wir sind damit einverstanden.«

Das bestätigte später auch Gorbatschow selbst. Der Historiker Rödder dazu: »Ein irgendwie geartetes Versprechen, eine feste Zusicherung, geschweige denn eine vertragliche Vereinbarung hat es darüber nicht gegeben. Das war für die Sowjets im Februar 1990 kein Thema. Sie sind aber während des gesamten Wiedervereinigungsprozesses darauf auch nicht wieder zurückgekommen.«[35]

Naivität, Vertrauensseligkeit, mangelnde Professionalität, Vorsatz, andere Prioritäten? Es wird sich vielleicht nie mehr klären lassen, weshalb Gorbatschow und seine Berater in Bezug auf die NATO und deren mögliche Erweiterung so handelten, wie sie handelten (oder eben nicht). Was die andere Seite plante und tat, wissen wir.

Diese von Baker zwei Mal gemachte Aussage – einmal als Notiz nach dem Gespräch bei Schewardnadse, ein andermal bei Gorbatschow –, tauchte nie wieder auf. Nicht einmal in seinen Memoiren.

Dieser Vorgang kann beklagt oder kritisiert werden, man kann es als Wortbruch oder als Verrat bezeichnen, aber das sind moralische Urteile, mit denen man allenfalls in der Propaganda hantieren kann. In der Politik muss man mit den Realitäten wirtschaften, wie schon Otto von Bismarck wusste. Da zählen nur Fakten. Und die sind eindeutig.

Erstens: Die Zerschlagung der Sowjetunion als sozialistischer Staat führte nicht dazu, dass Russland als internationaler Machtfaktor ausgeschaltet werden konnte. Die Russische Föderation unter Präsident Putin behauptete sich als internationale Nuklear- und Großmacht. Nach der »Dekade der Demütigung« – so die neunziger Jahre unter der Regentschaft Präsident Jelzins – gewann Russland seine nationale Würde zurück.

Zweitens: Die NATO ist erfolgreich nach Osten expandiert. Die einstigen Mitgliedsstaaten des Warschauer Vertrages Polen, Tschechien und Slowakei, Ungarn, Rumänien, Bulgarien sowie die ehemaligen Sowjetrepubliken Litauen, Estland und Lettland gehören dem westlichen Militärbündnis unter Führung der USA an. Aus dem einstigen Jugoslawien sind dies Slowenien, Kroatien, Montenegro und Nordmazedonien. Albanien ist inzwischen ebenfalls Mitglied.

Die NATO zählte bis zum »Ende des Kalten Krieges« sechzehn Mitglieder, inzwischen sind es dreißig.

Und wenn demnächst noch Finnland und Schweden hinzukommen, hat sich also die Zahl der Mitglieder, die der USA militärisch hörig sind, verdoppelt. Ferner firmiert Bosnien-Herzegowina als Beitrittskandidat.

Drittens: Die Einbindung weiterer ehemaliger Sowjetrepubliken in die NATO ist aus unterschiedlichen Gründen (bislang) gescheitert. Die Ukraine und Georgien, eventuell auch Aserbaidschan, wollen, Belorussland soll sich dem Pakt anschließen.

Viertens: Russland selbst sollte im Kontext der Durchsetzung der »neuen Weltordnung« ebenfalls in die imperialistischen Strukturen eingebunden und dadurch als Machtfaktor ausgeschaltet, mindestens aber marginalisiert werden. Man nannte dies »kooperative Beziehung« und »strategische Partnerschaft«. 1997 wurde zwischen NATO und Russland eine »Grundakte über gegenseitige Beziehungen, Zusammenarbeit und Sicherheit« unterzeichnet und ein »Gemeinsamer NATO-Russland-Rat« (NRR) geschaffen. Zudem wurde Russland in den exklusiven Kreis der G7 aufgenommen, der sich seit 1997 G8 nannte. Die offizielle Bezeichnung lautete: »die sieben bedeutendsten Industrienationen plus Russland«.

Das am 4./5. Juni 2014 in Sotschi geplante G8-Treffen fand nicht mehr statt. US-Präsident Obama hatte am 1. März erklärt, dass sich die USA aus allen G8-Treffen zurückzögen. Als Grund nannte er »Russlands Militärintervention auf ukrainisches Territorium«. (Nach dem Staatsstreich in Kiew am 24. Februar 2014 war es zu Zusammenstößen auf der Krim gekommen, am 6. März sprach sich das Parlament der Autonomen Republik

Krim für den Beitritt zu Russland aus. Die Abspaltung vom Stammland Ukraine glich der Sezession des Kosovo von Serbien 1999. In beiden Fällen handelte es sich um völkerrechtswidrige Akte. Allerdings gingen die USA und der Westen damit ganz unterschiedlich um.)

Dem Rückzug der USA vom G8-Treffen schlossen sich am 2. März Großbritannien und Frankreich an. Am 24. März 2014 erklärten alle sieben Staaten, dass man künftig ohne russische Beteiligung sich über wichtige Fragen austauschen werde. Damit war der imperialistische Machtblock wieder unter sich.

Die NATO-Russland-Grundakte ist 25 Jahre nach ihrer Unterzeichnung augenscheinlich erledigt. Darin hatte die NATO auch versichert, auf den Territorien der neuen Mitgliedsstaaten keine Atomwaffen zu stationieren. »NATO-Generalsekretär Stoltenberg selbst hatte zuletzt ausweichend auf die Frage geantwortet, ob das Militärbündnis die NATO-Russland-Grundakte nach der russischen Invasion in die Ukraine für obsolet hält.«[36]

Anonyme Stimmen waren da weniger zurückhaltend: »Diplomaten betonten allerdings, dass Russland nicht erwarten könne, dass sich die NATO nach dem russischen Angriff gegen die Ukraine noch an alle Vereinbarungen der NATO-Russland-Grundakte halte.«[37]

Anmerkungen

1 OKV-Tagung »Der Verrat an den Bürgern der DDR« am 5. Oktober 2020, in: Beitrag von Dr. Klaus Blessing »Und der Zukunft zugewandt«
2 Johanna Soll: »Marsch der Armen«, in: *taz* vom 20. Juni 2022
3 Erhard Crome: »Russlands ukrainischer Krieg«, edition ost, Berlin 2022
4 Franz Mehring: »Karl Marx – Geschichte seines Lebens«, in: Franz Mehring, Gesammelte Schriften, Bd. 3, Berlin 1960
5 Ebenda
6 siehe Horst Poldrack: »Neoliberale Gehirnwäsche«, verlag am park, Berlin 2022
7 Ebenda
8 Michael Meyen: »Die Propaganda Matrix. Der Kampf für freie Medien entscheidet über unsere Zukunft«, München 2021
9 *https://artigos.wiki/article/de/New_World_Order_(conspiracy_theory)*
10 »George Bush sr., Neue Weltordnung, Rede am 11. September 1991, *Youtube*, 3. Dezember 2011
11 vgl. Horst Köhler im Interview mit *Deutschlandradio Kultur* am 22. Mai 2010, zit. in: »Das umstrittene Interview im Wortlaut« in der *Süddeutschen Zeitung* vom 31. Mai 2010
12 *Tagesschau* am 17. April 2021
13 Michael Lüder: Afghanistan: Die Taliban an der Macht, am 18. August 2021, auf: *https://www.youtube.com/watch?v=xqWveOoSLXM*
14 zit. in »UCJK finanziert sich aus Drogengeldern« in: *Berliner Zeitung* vom 4. März 1999
15 zit. in: *https://de.wikipedia.org/wiki/Vertrag_von_Rambouillet*
16 Auszüge aus der Fischer-Rede auf *Spiegel Online* am 13. Mai 1999
17 »Es begann mit einer Lüge«, *WDR*-Dokumentation, erstmals ausgestrahlt am 8. Februar 2001 in der *ARD*
18 Heiko Krüger: Der Berg-Karabach-Konflikt. Eine juristische Analyse, Springer, Berlin-Heidelberg 2009
19 *http://www.ag-friedensforschung.de/regionen/Serbien/kosovo37.html*
20 *https://www.1000dokumente.de/index.html/pdf/dokumente/video/index.html?c=dokument_de&dokument=0139_kul&object=context&l=de*
21 ebenda
22 »Grüne und Linke auf der Atlantik-Brücke« am 20. April 2014 auf *Telepolis*
23 Klaus Eichner, Ernst Langrock: Der Drahtzieher. Vernon Walters – ein Geheimdienstgeneral des Kalten Krieges, Berlin 2005

24 Robert L. Hutchings, Als der Kalte Krieg zu Ende war, Berlin 1999, S. 20

25 Ebenda, S. 47

26 Ebenda, S. 72

27 Unter der sogenannten Breshnew-Doktrin verstand der Westen die Tatsache, dass Moskau zwar formal jedem Bruderstaat zugestand, nationale Besonderheiten beim Aufbau des Sozialismus zu berücksichtigen, de facto aber streng darauf achtete, dass dieser beim sowjetischen Modell blieb. Von Moskau als Abweichungen interpretierte Entwicklungen wurden notfalls auch militärisch korrigiert, etwa 1968 in der Tschechoslowakei. Moskau begründete Interventionen stets mit höheren Bündnisinteressen, setzte aber vornehmlich nur seine Führungsansprüche und nationale Interessen durch

28 Philip Zelikow/Condoleezza Rice: Sternstunde der Diplomatie, Propyläen Verlag, 1997, S. 207

29 zit. in Peter Brinkmann: Der Preis der Deutschen Einheit. Michail Gorbatschow und die NATO 1989/90, Wien-Köln-Weimar 2020, S. 198

30 Mary Elise Sarotte, Perpetuating U.S. Preeminence. The 1990 Deals to »Bribe the Soviets Out« and Move NATO In, in: *Internationale Security*, Vol. 35, No. 1 (Summer 2010), S. 110-137, S. 117.

31 Ebenda, S. 136

32 Andreas Rödder in »ZDF History: Geheimakte Deutsche Einheit«, gesendet am 27. September 2015

33 Ebenda

34 zit. in Alexander von Plato, Die Vereinigung Deutschlands – ein weltpolitisches Machtspiel. Berlin 2003, S. 244

35 Andreas Rödder in »ZDF History: Geheimakte Deutsche Einheit«, gesendet am 27. September 2015

36 zit. von *RedaktionsNetzwerk Deutschland* (rnd) am 16. März 2022, *https://www.rnd.de/politik/nato-russland-grundakte-reagiert-das-buendnis-mit-eigenen-verstoessen-auf-putins-aggression-SOPY-HWCHVN73ECQPQQCGFO2A2I.html*

37 Ebenda

Feinbild USA. Berechtigt oder falsch?

Der Widerstand gegen die USA und deren aggressive Politik zur Gestaltung einer neuen Weltordnung wird als überkommenes Relikt des Kalten Krieges diffamiert. Es sei eine Fortschreibung des alten Feinbildes, das sich doch mit dem Ende der Blockkonfrontation erledigt habe, heißt es. Die militärische Intervention Russlands in der Ukraine muss als Argument herhalten, dass nicht die USA die Welt unter ihre Militärstiefel zwingen wolle, sondern der Aggressor Russland heiße. Der »verbrecherische Überfall« – so die genormte Formulierung – habe bewiesen, dass die Furcht vor Russland bei seinen Nachbarn begründet war und ist. Deshalb hätten sie schließlich nach 1990 sich unter die schützenden Fittiche der NATO begeben.

Nun ist es ein gern kolportierter und zweckdienlich verbreiteter Irrtum zu glauben, dass »Feindbilder« eine Erfindung der kommunistischen Ideologie zur Charakterisierung des Klassenfeindes seien. Seit es Armeen gibt, existieren zur Motivation der Soldaten Feindbilder. Und zwar unabhängig vom Charakter der Gesellschaft. Die Ideologie, auf der der Staat fußt, bestimmt allerdings das Bild des »Feindes«. Und der ist immer konkret, keineswegs abstrakt, wie lange und noch immer im Westen behauptet.

Die Feinde in der imperialistischen Ideologie sind zwangsläufig jene Kräfte, Bewegungen und Staaten, die die Ausbeutergesellschaft überwinden und eine alternative Gesellschaft errichten wollen.

Und die Auseinandersetzung mit ihnen erfolgt politisch, juristisch, wirtschaftlich, polizeilich, geheimdienstlich und militärisch. Ganz unmittelbar im Sinne des von Carl von Clausewitz 1832 formulierten Gedankens: »Der Krieg ist eine bloße Fortsetzung der Politik mit anderen Mitteln.« Oder eben in Form des Wettrüstens, mit dem Ressourcen der Volkswirtschaft des Feindes entzogen werden und verhindern, dass dieser etwa soziale Probleme oder humanitäre Aufgaben löst.

Der konservative Historiker Michael Stürmer, eine Zeit lang außenpolitischer Berater von Bundeskanzler Helmut Kohl und namhafter Vertreter jener Kreise, die für ein stärkeres militärisches Engagement der Bundesrepublik stehen, interpretierte 2015 diesen Satz des Preußengenerals, den man laut Stürmer drei Mal lesen müsse: »Einmal als Feststellung, dass es Krieg gab und gibt und leider Gottes keine Aussicht besteht, dass es anders wird. Zum zweiten als Warnung vor dem absoluten Krieg, der jeden anderen Zweck verschlingt. Und drittens als Aufforderung an die Diplomatie, das Ziel des Friedens auch im Krieg zu verfolgen.«[1]

Es war und ist nicht nur ein Interpretations-, sondern ein grundsätzlicher Denkfehler zu meinen, dass es Kriege immer gab und immer wieder geben wird. Der Irrtum wurzelt in der Überzeugung, dass die Ursachen von Kriegen der unreife, unvollkommene Mensch sei und nicht das Wirtschaftssystem, das Staaten hervorbringt und deren Politik bestimmt.

Krieg, so darum der Umkehrschluss, kann nur überwunden werden, wenn die kapitalistische Ausbeuter- und Klassengesellschaft überwunden wird. Denn wie der 1914 ermordete französische Sozialist Jean Jaurès formulierte: »Der Kapitalismus trägt den Krieg in sich wie die Wolke den Regen.« Und ihm ist beizupflichten, wenn er daraus schloss, dass – entgegen allen patriotischen und demagogischen Behauptungen – nicht der Krieg revolutionär sei, sondern der Friede. Weil er nämlich durch die Überwindung des Kapitalismus erzwungen und gewonnen werde.

Das Feindbild USA als das mächtigste Land des Imperialismus, beschönigend als Mutterland des Kapitalismus bezeichnet, ist keine Erfindung von Politikwissenschaftlern oder Ideologen. Die USA haben seit ihrer Gründung im Jahr 1776 mehr als zweihundert Kriege geführt – ohne selbst jemals angegriffen worden zu sein. (Der »Krieg gegen den Terror«, den Präsident Bush jr. 2001 ausrief, wurde mit dem Anschlag auf das Welthandelszentrum begründet, der in der Propaganda zu einem »Angriff auf die USA« gemacht wurde, aber keinen Angriff auf den Staat darstellte.)

Es heißt, dass seit 1946 in den Kriegen der USA, bei militärischen Interventionen und bei Geheimdienstbeteiligungen an Terroranschlägen, Putsch- und Umsturzversuchen auf den Territorien anderer Staaten fast sieben Millionen Menschen starben. Gemessen an den beiden Weltkriegen, die von Deutschland ausgingen, ist das eher wenig. Aber Leid, Not und Elend bemessen sich nicht nur an Kriegstoten. Flucht und Vetreibung gehören auch dazu. Im Mai 2022 meldete das UN-Flüchtlingshilfswerk UNHCR, dass die Zahl der Menschen, die vor Konflikten, Gewalt, Menschenrechtsverletzungen und Verfolgung auf der Flucht seien, die 100 Millionen überschritten hätte.[2]

Auf der anderen Seite: Rüstungskonzerne sowie die Finanz- und Investmentindustrie verdienen mit Kriegen und militärischen Konflikten Milliarden. Und sie verdienen zwei Mal: einmal durch die Produktion von Waffen und Rüstungsgütern, dann durch den Wiederaufbau der mit diesen Waffen zerstörten Städte und Produktionsanlagen.

Die meisten dieser global operierenden Unternehmen haben ihren Sitz in den USA.

Defense Planning Guidance von 1991/92

Bushs Verteidigungsminister Dick Cheney ließ von September 1991 bis Mai 1992 eine Arbeitsgruppe Leitlinien erarbeiten, wie die militärische Dominanz der USA erhalten und ausgebaut werden kann. »Jede infrage kommende feindliche Macht (ist) daran zu hindern, in einer Region dominant zu werden, die für unsere Interessen von ausschlaggebender Bedeutung ist«, hieß es darin. »Potenzielle Rivalen (sollen) erst gar nicht auf die Idee kommen, regional oder global eine größere Rolle spielen zu wollen.« Und mit Blick auf die Bundesgenossen in der

NATO, die mehrheitlich in Europa disloziert waren und sind, wurde an die US-Administration appelliert: »Wir müssen darauf achten, dass es keine auf Europa zentrierten Sicherheitsvereinbarungen gibt, welche die NATO untergraben könnten.«[3]

Die einschüchternde Ansage war unmissverständlich: Eine Verständigung Westeuropas mit dem Osten, insbesondere mit dem Nachfolgestaat der Sowjetunion, sollte unterbleiben. Damit wurde den seit Jahrzehnten von Moskau verfolgten Intentionen, in Europa eine Sicherheitsstruktur zu entwickeln, eine deutliche Absage erteilt. Ein System kollektiver Sicherheit, zu dessen Entwicklung in den siebziger Jahren erste Schritte unternommen worden waren, hatte sich erledigt, eine Emanzipation (West-)Europas von den USA sollte nicht stattfinden.

Die Warnung vor der »Untergrabung der NATO« war eine Warnung vor dem Verlust der Dominanz ihrer Führungsmacht, der USA. Das Wort von der »Rapallo-Angst« machte – wieder einmal – die Runde. Zur Erinnerung: Im italienischen Rapallo hatten im April 1922 das Deutsche Reich und die Russische Sozialistische Föderative Sowjetrepublik (die UdSSR sollte erst später gegründet werden) vertraglich beschlossen, ihre bilateralen Beziehungen zu normalisieren. Die souverän am Rande einer internationalen Finanz- und Wirtschaftskonferenz in Genua geschlossene Vereinbarung führte, trotz Ablehnung durch die Westmächte und auch in Deutschland – darunter Reichspräsident Ebert (SPD) und weite Teile der SPD-Führung – zu prosperierenden

Wirtschaftsbeziehungen, von denen beide Seiten profitierten. Deutschland lieferte Industrieanlagen und Knowhow, half bei der Erschließung der Erdölfelder bei Baku und vermarktete russisches Öl in Deutschland, wodurch die Abhängigkeit von britischen und amerikanischen Ölkonzernen reduziert werden konnte …

Die Federführung bei der Fixierung des *Defense Planning Guidance* 1991/92 lag bei Colin Powell – damals Chef der Vereinten Stabschefs – und Paul Wolfowitz, Staatssekretär im Pentagon. Es gibt Autoren, die nach Bekanntwerden dieses internen Dokuments monierten, dass die »fundamentalen Verschiebungen auf der weltpolitischen Landkarte«[4] unbeachtet geblieben seien, dass es sich bei dem Papier um einen Rückfall in den Kalten Krieg handele, weil Washington – wie seit Jahrzehnten – Sicherheit in erster Linie mit militärischen Mitteln und gegen andere (nicht mit anderen) herstellen wolle. In Japan und in der BRD erregte man sich in bestimmten Kreisen zudem darüber, dass beide Staaten darin als »Konkurrenten« genannt und damit auf eine Stufe mit Russland und China gestellt worden waren.

Es war, wie immer bei solchen Kontroversen, ein Sturm im Wasserglas. Die von Kanzler Kohl geführte Bundesregierung (CDU/CSU/FDP) versicherte wie gewohnt unterwürfig und im vorauseilenden Gehorsam, dass das vereinte Deutschland keinen Sonderweg beschreiten und unverändert fest an der Seite der USA stehen werde.

Solche von wenig Souveränität getragenen Erklärungen stellten eine diplomatische Gratwanderung dar.

Zwar bereiteten sich die Truppen der Nachfolgestaaten der Sowjetunion (***G**emeinschaft **U**nabhängiger **S**taaten* – GUS) auf ihren für 1994 geplanten Abzug vor – aber große Teile davon standen noch auf dem Territorium der sogenannten neuen Bundesländer. Deren finaler Rückzug durfte nicht durch überschwengliche Treuebekundungen an die Adresse der USA gefährdet werden, wie überzogene Kritik an der »Schutzmacht« USA Washington eventuell verstimmen konnte.

Der diplomatische Balanceakt der Bundesregierung ist allerdings nicht unser Thema, sondern inwieweit die zu Beginn der neunziger Jahre formulierten Leitlinien nicht nur den Kalten Krieg ungebrochen fortsetzten oder eine neue Qualität in den Außenbeziehungen der USA bedeuteten.

In der Führung der USA herrschte die Auffassung vor, dass man die Politik der Stärke in der Stunde ihres größten Triumphes nicht aufgeben sollte. Im Gegenteil. »Ich habe den Eindruck, dass die sowjetische Gefahr möglicherweise größer ist als früher, da sie vielgestaltiger geworden ist«, erklärte US-Präsident Bush, der Ex-Geheimdienstchef.[5] Es sei nicht an der Zeit, die Sowjetunion in die Gemeinschaft der »zivilisierten Nationen« aufzunehmen.

Die ***K**onferenz für **S**icherheit und **Z**usammenarbeit in **E**uropa* (KSZE) war von Anfang als hinderlich bei der Durchsetzung von US-Interessen und als Sieg sowjetischer Außenpolitik gewertet worden. Deshalb musste deren Schlussakte liquidiert werden. »Die KSZE ist die eigentliche Gefahr für die NATO«[6], erklärte US-

Außenminister Baker intern, womit er nicht unrecht hatte. Es war eine *europäische* Sicherheitsstruktur. Zwar waren die USA daran beteiligt, sie waren aber nur ein Staat von insgesamt 35. Und in der 1975 unterzeichneten Schlussakte waren die Sicherheitsinteressen der Sowjetunion und aller Unterzeichner in gleicher Weise berücksichtigt worden. »Die Teilnehmerstaaten werden gegenseitig ihre souveräne Gleichheit und Individualität sowie alle ihrer Souveränität innewohnenden und von ihr umschlossenen Rechte achten, einschließlich insbesondere des Rechtes eines jeden Staates auf rechtliche Gleichheit, auf territoriale Integrität sowie auf Freiheit und politische Unabhängigkeit. Sie werden ebenfalls das Recht jedes anderen Teilnehmerstaates achten, sein politisches, soziales, wirtschaftliches und kulturelles System frei zu wählen und zu entwickeln sowie sein Recht, seine Gesetze und Verordnungen zu bestimmen«, hatte es gleich eingang in der Schlussakte geheißen. »Sie sind der Auffassung, dass ihre Grenzen, in Übereinstimmung mit dem Völkerrecht, durch friedliche Mittel und durch Vereinbarung verändert werden können. Sie haben ebenfalls das Recht, internationalen Organisationen anzugehören oder nicht anzugehören, Vertragspartei bilateraler oder multilateraler Verträge zu sein oder nicht zu sein, einschließlich des Rechtes, Vertragspartei eines Bündnisses zu sein oder nicht zu sein; desgleichen haben sie das Recht auf Neutralität.«[7]

Die USA beriefen sich gern auf diese Festlegung, wenn sich eine »Vertragspartei« etwa mit dem Westen verbünden wollte. Doch wenn sich ein Staat verweigerte, wenn er sich nicht der NATO und darum deren Führungsmacht anzuschließen wünschte, nahmen die USA das nicht einfach so hin und halfen bei der »Meinungsbildung« mit verschiedenen Mitteln nach. Insofern lag der US-Außenminister nicht falsch, wenn er 1989/90 meinte, dass aus Sicht der USA die KSZE »die eigentliche Gefahr für die NATO« sei.

Auf KSZE-Linie bewegten sich Überlegungen, die in Europa nach dem Ende der Blockkonfrontation angestellt wurden. Jetzt sei die Chance für den Abbau aller ideologisch motivierten Barrieren, für die Abrüstung konventieller Streitkräfte, für die Abschaffung der beiden Militärpakte. Diese Kreise nahmen Bushs Ansage auf Malta wörtlich: »Wir können einen dauerhaften Frieden verwirklichen und die Ost-West-Beziehung in eine dauerhafte Zusammenarbeit umwandeln.«

Sie hatten einerseits überhört, dass der US-Präsident im Konjunktiv, in der Möglichkeitsform, gesprochen hatte, und andererseits an die Lauterkeit der Politik der USA geglaubt. Das aber war diese nie. Im Zentrum der Außenpolitik der Vereinigten Staaten von Amerika standen immer die nationalen Interessen, es ging immer um »America First«. Nationale Belange anderer Staaten fanden allenfalls Beachtung, wenn sie amerikanischen Interessen nützten oder ihnen im Wege standen. Ein Neustart der Außenbeziehungen, von dem nicht wenige inner- und vor allem außerhalb der USA 1989/91 träumten, erfolgte nicht. Man hätte mit dem Wesen der kapitalistischen Ordnung brechen müssen. Dazu waren die in den USA herrschenden Kreise nicht bereit. Niemals!

Der 99-jährige Henry Kissinger, Ex-Außenminister, Friedensnobelpreisträger und Organisator des Staatsstreiches in Chile, mit dem 1973 die demokratisch gewählte Regierung der Unidad Popular weggeputschr worden war, machte 2022 in einem Buch[8] gewohnt zynisch die Kontinuität und den Charakter der Außenpolitik kapitalistischer Staaten, insonderheit des eigenen Landes, ex negativo deutlich. »Wem es hauptsächlich um Werte geht, sollte nicht den diplomatischen Dienst, sondern das Priesteramt anstreben.«

Egon Bahr, Spiritus rector der neuen Ostpolitik der SPD, lag mit seiner deutlichen Ansage gegenüber Gymnasiasten nicht weit davon entfernt: »In der internationalen Politik geht es nie um Demokratie oder Menschenrechte. Es geht um die Interessen von Staaten. Merken Sie sich das, egal, was man Ihnen im Geschichtsunterricht erzählt.«[9]

Der 2015 verstorbene Bahr, nach eigenem Bekunden einst selbst ein Kalter Krieger, berief sich bei der Frage nach seiner aktuellen politischen Verortung auf seinen Freund Willy Brandt. Der habe gesagt, je älter er werde, desto linker werde er. »Mir geht es nicht anders.«[10] Sein Urteil über die USA hatte eventuell nichts mit dieser linken Haltung zu tun, sondern war einfach nur logisch und vernünftig. »Das nationale Interesse der USA ist von der moralischen Gewissheit durchdrungen, das auserwählte Volk Gottes zu sein. Nationalbewusstsein und Sendungsbewusstsein sind unlöslich verschmolzen«, konstatierte er 2015. Und fast schon resignativ fügte er an, dass es »sinnlos« sei, dies zu kritisieren. »Die amerikanische Position stellt einen moralischen Maßstab dar, der nicht verhandelbar ist. Das entspricht auch der amerikanischen Haltung, sich nicht durch fremde Ordnungen binden zu lassen. Das hat mit Macht und weniger mit Werten zu tun. Die Globalmacht USA wird sich nur binden, wo ihr Interesse das rät. Sie wird insgesamt ihre Politik der freien Hand verfolgen, um ihren Einfluss zu vergrößern.«[11]

Das war eine sehr diplomatische, sehr höfliche Umschreibung für die Durchsetzung einer neuen Weltordnung, die sich die USA in ihre internen Strategie-Papiere und auf ihre Fahne geschrieben hatten.

Anmerkungen

1 Zit. in: Michael Stürmer: »Politik mit anderen Mitteln«, auf *Deutschlandfunk* am 9. Februar 2015
2 *https://unric.org/de/unhcr23052022/ am 22. Mai 2022*
3 vgl. Bernd Greiner: Was die USA seit 1945 in der Welt angerichtet haben, München 2021, S. 164
4 So Bernd Greiner, ebenda, S. 165
5 Bush am 10. Februar 1989, zit. in Michael R. Beschloss/Strobe Talbot: Auf höchster Ebene, Düsseldorf 1993, S. 35
6 zit. ebenda, S. 187
7 *vgl. https://www.osce.org/files/f/documents/6/e/39503.pdf*
8 Henry Kissinger: Staatskunst – Sechs Lektionen für das 21. Jahrhundert, München 2022
9 zit. in: Egon Bahr/Lutz Riemann: Annäherung durch Wandel. Kalter Krieg und späte Freundschaft, edition ost, Berlin 2022
10 Brief an Lutz Riemann am 3. Februar 2005, zit. in: ebenda, S. 5
11 aus: Rede im Adlon zur Verleihung des Dr. Friedrich Joseph Haass-Preises, 27. März 2015, zit. in Bahr/Riemann, Annäherung durch Wandel, a. a. O. S. 192*

Osterweiterung der NATO als Schritt in Richtung Neuer Weltordnung à la USA

Die US-Propaganda und ihre Kommunikationsröhren machten der Welt weis, dass die Entscheidung der osteuropäischen Staaten, die vormals als Bruderstaaten der Sowjetunion galten, aus Furcht vor ihrer einstigen Führungsmacht sich dem vormaligen Gegner angedient haben. Als hätten die Balten, die Polen, die Tschechen, die Slowaken, die Ungarn und all die anderen Ostblockstaaten sich gleichsam dem »Verteidigungsbündnis NATO« aufgedrängt, ohne dass dieses die Chance gehabt hätte, sich diesem Begehren zu widersetzen. Die Allianz sei praktisch von diesem Wunsch überrollt worden und habe mehr oder minder altruistisch reagiert.

Nun, das ist reine Demagogie.

Man hätte, wie schon in früheren Fällen, durchaus auch Nein sagen können.

Am 31. März 1954 stellte zum Beispiel die Sowjetunion offiziell den Antrag auf Mitgliedschaft. Nicht zum ersten Mal. Bereits 1949, unmittelbar nach der Gründung der NATO, hatte der sowjetische Außenminister Wyschinskij sich an London mit dem Vorschlag gewandt, die Möglichkeit eines Beitritts der Sowjetunion zur NATO zu erörtern. Dabei verwies er auf die guten Erfahrungen in der Antihitlerkoalition. Seine Anfrage blieb unbeantwortet.

1951 erklärte Moskau, man wolle der Allianz beitreten, wenn sich diese gegen eine mögliche deutsche Aggression richte. Auch das blieb folgenlos.

1952 griff Stalin die Beitritts-Idee im Gespräch mit dem französischen Botschafter Louis Joxe erneut auf. Dieser hatte die NATO als eine friedliche Organisation geschildert, deren Existenz nicht der UN-Charta widerspreche, worauf Stalin amüsiert festgestellt habe, dass dann ja die Sowjetunion willkommen sein müsse. Er bleibe aber bei seiner Überzeugung, dass die NATO »aggressiven Charakter« besäße. Nachdem Stalin 1953 verstorben war, machte es sein Nachfolger Chruschtschow am 31. März 1954 also offiziell – nicht ohne jedoch Bedenken geäußert zu haben. Zum einen verteidigte Moskau das Prinzip der Souveränität und lehnte die Einmischung in die inneren Angelegenheiten anderer Länder ab; zudem bekundete die sowjetische Führung Unmut über die starke Militärpräsenz der USA in Europa und wünschte, dass die US-Stützpunkte entfernt würden. Aber das wollte man bei Aufnahmegesprächen nicht in den Vordergrund stellen. »Unsere Bedenken«, so zitiert ein Aktenvermerk im Außenministerium die sowjetische Führung, »sollten zum jetzigen Zeitpunkt in einer sehr allgemeinen Form fomuliert werden, um den Regierungen der drei Mächte (*gemeint waren USA, Großbritannien und Frankreich – K. E.*) keine Gelegenheit zu geben, den Vorschlag als propagandistischen Akt abzutun.«[1]

Dem Antrag auf Mitgliedschaft in der NATO waren zudem vernünftige Vorschläge beigefügt. So wünschte Moskau über einen gesamteuropäischen Vertrag zur kollektiven Sicherheit zu sprechen (der reichlich zwanzig Jahre später mit der KSZE zustande kam). Darin sollte die USA als nichteuropäischer Staat eingebunden und nicht ausgegrenzt werden, sich aber sonst aus den europäischen Angelegenheiten heraushalten.

Der sowjetische Ministerpräsident Malenkow hatte bereits am 12. März 1954 in einer Rede die Motive für diesen Schritt Moskaus genannt. Er ließ darin die traditionellen ideologischen Klischees beiseite und warnte vor dem drohenden Ende der menschlichen Zivilisation als Folge eines dritten Weltkrieges, der unweigerlich ein nuklearer Konflikt sein würde. »Wir sind für einen friedlichen wirtschaftlichen Wettbewerb der Sowjetunion mit allen kapitalistischen Ländern, darunter selbstverständlich auch mit den Vereinigten Staaten von Amerika. Die Sowjetregierung hält konsequent an dem Standpunkt fest, dass jede beliebige strittige Frage in den gegenwärtigen internationalen Beziehungen, und mag sie noch so schwierig sein, auf friedlichem Wege gelöst werden muss«[2], hatte der Premierminister im Moskauer Haus der Gewerkschaften erklärt.

Im Mai 1954 lehnte der Westen den sowjetischen Antrag mit der Begründung ab, die Mitgliedschaft der UdSSR sei mit dem demokratischen Charakter und den »Verteidigungszielen« der NATO *nicht* vereinbar.

Daraufhin gründeten am 14. Mai 1955 – also genau ein Jahr später, nachdem der Westen der Sowjetunion die kalte Schulter im Kalten Krieg gezeigt hatte – sieben Staaten Ost- und Südosteuropas in der polnischen Hauptstadt ein eigenes Verteidigungsbündnis, den Warschauer Vertrag. Es war ein unmittelbarer Reflex auf die Aufnahme der BRD in die NATO am 6. Mai 1955.

Die USA antworteten auf Moskaus Aufnahmeantrag mit einer Propaganda-Offensive, die der US-Außenminister veranlasst hatte. Die italienische Zeitung *Paese Sera* meldete, »dass die ablehnende Antwort der Westmächte auf die sowjetische Note vom 31. März (1954) über einen eventuellen Beitritt der UdSSR zur NATO in den Rahmen eines umfangreichen politischen und propagandistischen Manövers gehört, das vom USA-Außenministerium gestartet worden ist, um dem günstigen Echo entgegenzutreten, das die sowjetischen Vorschläge über die kollektive Sicherheit in Europa gefunden haben«.[3] Laut der italienischen Zeitung habe der Vize-Außenminister Bedell Smith erklärt, es sei für die USA gefährlich, »die Friedensoffensive der Russen zu unterschätzen«.[4] Die USA müssten entlang der Grenzen Ost- und Mitteleuropas eine »nervöse Situation« schaffen und »Unruhen im Innern der Länder hinter dem Eisernen Vorhang mit ähnlichen Aktionen« hervorrufen »wie jene im Juni vergangenen Jahres in Berlin«, so Smith in New York.

Im Übrigen: Auch Präsident Putin hat wiederholt signalisiert, sich der NATO anschließen zu wollen, wenn Russland als »gleichberechtigter Partner« behandelt werden würde (z. B. gegenüber der *BBC* am 5. März 2000). Ebenso bei einer Begegnung mit US-Präsident Clinton im Juni 2000 in Moskau: »Während des Treffens sagte ich: ›Wir würden eine Option in Betracht ziehen, dass Russland der NATO beitritt.‹ Clinton antwortete: ›Ich habe keine Einwände.‹ Aber die gesamte US-Delegation wurde sehr nervös.« So Oliver Stone laut *TASS* vom 3. Juni 2017 …

Die hier geschilderten Vorgänge widerlegen die These, dass die NATO nicht anders gekonnt hätte, als die einstigen Staaten des Warschauer Paktes aufzunehmen, nachdem diese ihren Antrag gestellt hatten. Die Anträge der Russen hatte man ja auch erfolgreich abwehren können.

Und auch in anderer Hinsicht war gelogen worden.

Bereits ein reichliches halbes Jahr *vor* Auflösung des Warschauer Vertrages am 1. Juli 1991 – der formellen Beendigung des 1955 geschlossenen »Vertrages über Freundschaft, Zusammenarbeit und gegenseitigen Beistand« – dachte man in den USA über die Einbindung dieser Staaten in die NATO nach. Der Nationale Sicherheitsrat, das US-Außenministerium und das Pentagon erörterten Ende Oktober 1990, wie man mit den verbliebenen Mitgliedsstaaten (Sowjetunion, Bulgarien, Polen, ČSSR, Rumänien und Ungarn, die DDR war bereits ausgeschieden) verfahren könnte.

Dabei ging es, was verschiedentlich gefordert wurde, keineswegs um einen Umbau der NATO in eine politische Organisation. Den USA unter Präsident George Bush sr. ging es um territoriale Expansion und damit auch um eine politische Stärkung der NATO. Es sei bereits damals, so heißt es in verschiedenen Quellen, nicht um das *Ob*, sondern allein um das *Wann und Wie* der Aufnahme dieser Staaten in die NATO gegangen –

Russland natürlich immer ausgenommen. Washingtons Verhandlungstaktik, so belegen die zugänglichen Akten, war zweideutig, doppelbödig und vorsätzlich irreführend, um zu eben jener Osterweiterung zu gelangen.

Washington betrachtete die NATO als ein wirksames politisches Instrument, um Einfluss auf die Mitgliedsstaaten zu nehmen und sie zu disziplinieren. Als Führungsmacht der Allianz behielten die USA das Heft des Handelns in der Hand.

Damals, so meinte Egon Bahr, habe die Erkenntnis in Westeuropa zu wachsen begonnen, »dass die Selbstbestimmung Europas nach dem Ende der Sowjetunion nur noch als Emanzipation von Amerika stattfinden kann«.[5]

Nach meiner Feststellung ist aus diesem richtigen Schluss nichts Praktisches gefolgt. Zbigniew Brzezinski, einst Sicherheitsberater von US-Präsident Carter und einer der wichtigsten politischen Köpfe der USA, beschrieb 1997 unter der Überschrift »Die einzige Weltmacht Amerika« eine »Strategie der Vorherrschaft« und definierte darin Westeuropa als *Protektorat* seines Landes.

Das war korrekt, zumal sich keinerlei Widerspruch in einem westeuropäischen oder NATO-Land erhob, wie Egon Bahr 2015 dazu sarkastisch anmerkte.

Sieben Jahre später, im Krieg zwischen Russland und der Ukraine, ist die Emanzipation (West-)Europas von den USA nicht sonderlich vorangeschritten. Im Gegenteil. Das Protektorat der USA verhängt nicht zuletzt auf Druck der USA Sanktionen ohne Ende, mit denen es sich selbst am meisten schadet.

Kennan: Ausweitung der NATO der verhängnisvollste Fehler der USA nach dem Zweiten Weltkrieg

Die Ausweitung der NATO, mit Kalkül und Brachialgewalt von den USA forciert, fand nicht überall ungeteilte Zustimmung. George F. Kennan – einst US-Spitzendiplomat und Kalter Krieger, der 1952 in der Sowjetunion zur *persona non grata* erklärt und als Botschafter ausgewiesen wurde, nachdem er zuvor die Containment-Politik der USA protegiert hatte –, mahnte beispielsweise Washington zur Zurückhaltung. »Eine Ausweitung der NATO wäre der verhängnisvollste Fehler amerikanischer Politik nach dem Ende des Kalten Krieges«, warnte er 1997. Allerdings sorgte ihn weniger die dadurch entstehende militärische Bedrohung Russlands, sondern: Diese Osterweiterung der Allianz sei für die Falken im Kreml und Ewiggestrige eine Steilvorlage. Sie wäre Wasser auf deren Propaganda-Mühlen, würde »den nationalistischen, antiwestlichen und militaristischen Tendenzen in Russland Vorschub leisten«. In Moskau – dort hatte er an der US-Botschaft von 1933 bis 1937, 1944/45 und für kurze Zeit 1952 gearbeitet – »ist man wenig beeindruckt von den Beteuerungen, dass Amerika keine feindlichen Absichten hegt«.[6]

Damit lag Kennan völlig richtig.

Die Zweifel an der Glaubwürdigkeit Washingtons hinsichtlich seiner in der Vergangenheit gemachten Zusagen, Versprechungen und Erklärungen bestanden nicht ohne Grund. Und dieses Misstrauen existiert in Moskau nicht grundlos bis zum heutigen Tage.

Im selben Jahr, 1997, legten die sogenannten Neocons[7] ein Grundsatzprogramm vor. Diese reaktionäre Strömung unter den amerikanischen Konservativen folgte dem Weltbild ihres Landsmannes Francis Fukuyama, der nach dem Zerfall der Sowjetunion und des Ostblocks erklärt hatte, dass mit dem Sieg der *liberalen Demokratie* nunmehr das Ende der Geschichte erreicht sei. Faschismus und Kommunismus wären an ihren inneren Widersprüchen gescheitert. Dadurch hätten beide Systeme ihre Legitimität verspielt. Sie hätten einerseits nicht die Bedürfnisse der Menschen befriedigt und andererseits es nicht vermocht, ihnen ein Gefühl von Anerkennung und Selbstwert zu geben. Das vermag eben nur die *liberale Demokratie*, also der Kapitalismus. Er werde nunmehr für immer und weltweit die Geschicke der Menschheit bestimmen. Die USA seien die Verkörperung von Freiheit und Demokratie, eine Vergrößerung der Macht der USA bedeute folglich mehr Freiheit und mehr Demokratie für die Welt. Mit den Gegnern der USA und dieser Werte könne man nicht verhandeln, aber temporäre Allianzen gegen sie seien sinnvoll, selbst mit diktatorischen Regimes dürfe man sich dabei verbünden.

Abgesehen davon, dass diese krude Weltsicht das Resultat akademischer Überlegungen fernab tatsächlicher sozialer Bewegungen und realer globaler Prozesse war und sie mehr auf Machiavelli (1469-1527) fußte denn auf wissenschaftlichen Analysen des 20. Jahrhunderts, waren nicht wenige Neokonservative davon überzeugt, dass es genau so sei, wie sie eben auch überzeugt waren, dass man nachhelfen müsse, um die Demokratie nach amerikanischem Muster weltweit durchzusetzen. Die Neokonservativen gossen diese Intentionen in das ***Project for the New American Century*** (PNAC). Als Autoren dieser strategischen Überlegungen zum neuen amerikanischen Jahrhundert zeichneten: Dick Cheney (Ex-Verteidigungsminister), Donald Rumsfeld (Ex-Verteidigungsminister), Paul Wolfowitz (Ex-Staatssekretär im Verteidigungsministerium), Richard Perle (Ex-Staatssekretär im Verteidigungsministerium; als Befürworter von Reagans »Krieg der Sterne« erhielt er den treffenden Titel »Fürst der Finsternis«), John Bolton (Ex-Unterstaatssekretär im Außenministerium), Douglas Feith (Ex-Vizeverteidigungsminister), William Kristol (ein namhafter TV-Journalist und einflussreiches Sprachrohr der Neokonservativen im US-Fernsehen), Robert Kagan (Berater mehrerer US-Präsidenten und Ehemann von Victoria Nuland) sowie weitere siebzehn »strategische Vordenker«, die mehrheitlich auf ein politisches Amt nach dem Präsidentenwechsel spekulierten.

Eine Schlüsselstellung in ihren Überlegungen nahm die NATO ein, die sie als global handelndes Militärbündnis zur Durchsetzung amerikanischer Interessen betrachteten. Es sollte eingesetzt werden bei Interventionen zur Sicherung von Rohstoffen und Ressourcen, von Macht und Einfluss der einzig verbliebenen Supermacht, gegen Terroristen und Flüchtlinge. Entscheidend jedoch bei ihren Überlegungen war, dass sich die NATO für ihre Einsätze selbst die Legitimation erteilen sollte – ungeachtet der Entscheidungen der UNO, ungeachtet des Völkerrechts. Der Krieg gegen Jugoslawien 1999 war durchaus als Blaupause für nachfolgende Einsätze gedacht. Und er sollte zeigen: Wer die USA herausfordert, riskiert die eigene Existenz.

Das Desaster in Afghanistan und seine ideologischen Wurzeln

Die Neocons bekamen in der Administration von US-Präsident Bush jr. (2001-2009) Sitz und Stimme. Und sogleich Oberwasser, als sie noch im ersten Jahr seiner Präsidentschaft den Krieg in Afghanistan lostraten. Die Begründung lieferte der Anschlag auf das Welthandelszentrum in New York am 9. September 2001. Der dann ausgerufene »Krieg gegen den Terror« begann schon wenige Wochen später mit dem Einfall in Afghanistan.

Der 42. US-Präsident Bill Clinton amtierte zwischen den republikanischen Präsidenten Bush sr. und Bush jr. in den neunziger Jahren. Der in seiner Außenpolitik vorherrschende *Wilsonian Idealism* wurde von den Neocons scheinbar beerdigt. Das waren jene Grundsätze, die der US-Präsident Woodrow Wilson zum Ende des Ersten Weltkriegs formuliert hatte. Dessen *vierzehn Prinzipien* waren von einem liberalen Internationalismus durchdrungen. Mit ihm sollte dem aggressiven Imperialismus, der zum Weltkrieg geführt hatte, die Spitze genommen werden. Wilson plädierte für die Ausbreitung des Kapitalismus (um den bis dato vorherrschenden amerikanischen Isolationismus zu überwinden) und für das Selbstbestimmungsrecht der Völker – aber reklamierte zugleich für die USA das Recht, Demokratien in fremden Nationen zu »lenken« oder zu »formen«. Seine Forderung nach freier Schifffahrt auf allen Meeren, die Betonung der offenen Diplomatie, die Ablehnung von Geheimverträgen und die Schaffung kollektiver Sicherheit waren letztlich nur die liberale Umhüllung für die Durchsetzung amerikanischer Interessen. Im Kern, wenngleich moderat formuliert, war es die Geburtsurkunde von »America First«. Und darum überraschte es nicht, dass Wilsons Programm von 1918 zwar nie vom US-Senat angenommen worden war, aber dennoch die Politik der USA im ganzen 20. Jahrhundert bestimmte. Der Historiker David Kennedy meinte, »dass die amerikanischen Außenbeziehungen seit 1914 auf dem Wilsonschen Idealismus beruhten«, jeder US-Präsident seit Woodrow Wilson habe die »Grundregeln des Wilsonianismus angenommen«. Das gelte auch für die Präsidenten des 21. Jahrhunderts. Wilsons Ideen hätten nach dem 11. September 2001 sogar an Vitalität gewonnen – obwohl Präsident Bush jr. vielleicht nicht einmal wisse, dass seine Sicht auf die Welt auf Woodrow Wilson zurückzuführen sei.[8]

Ganz im Wilsonschen Geiste wurden militärische Interventionen auch moralisch begründet: Die USA seien aufgrund ihrer ökonomischen und politischen Potenz der einzige Garant der internationalen Ordnung, weshalb sie auch über dieser Ordnung stehe und sie folglich auch diktieren müssen, statt sich ihr zu unterwerfen. Die westlichen universellen Werte wie Demokratie, Freiheit, freie

Marktwirtschaft und Menschenrechte würden von keinem Staat so gelebt werden wie von den USA. Das legitimiere einen »hegemonialen Internationalismus« – die USA führen die internationale Ordnung und sind zugleich strategisch unabhängig: Sie greifen dort aktiv ein, wo allein sie es für nötig erachten.

Ich muss nicht betonen, wie anmaßend und ignorant diese Weltsicht ist.

Bereits im Frühjahr 2001 – also noch vor *Nine Eleven* – ließ Bush jr. ein gigantisches Rüstungsprogramm auflegen. Es sollte »alle Welt davon abhalten«, sich »auf einen Wettlauf einzulassen. Es schloss Laserwaffen im Weltraum ein, die jeden Punkt auf dem Globus treffen sollten, und Raketenabwehrsysteme, um unverwundbar zu werden, aber schlagen zu können. Das ist definitiv die Definition der Überlegenheit«, urteilte der deutsche Sozialdemokrat Egon Bahr.[9]

Das militärische Engagement der USA in Afghanistan – sanktioniert durch eine UNO-Resolution, die von einer »Bedrohung des Weltfriedens« sprach, und assistiert von Soldaten aus verschiedenen, zumeist NATO-Staaten – wurde zunächst als »friedenserzwingender Einsatz« deklariert. »Unter dem formalen Dach der UNO wurde Afghanistan zu einem Protektorat der internationalen Gemeinschaft degradiert«, hieß es bereits 2007 zu der propagandistischen Verklärung des Einsatzes, er diene der Bildung einer afghanischen Nation (*Nation building*).[10]

Afghanistan war – auf Druck der USA – nach einem Operationsplan des NATO-Hauptquartiers unter den

Besatzern in vier etwa gleich große Sektoren aufgeteilt worden, womit die Souveränität und Eigenstaatlichkeit Afghanistans in Frage gestellt worden war. Die Afghanen fühlten sich zurecht gedemütigt. Das schürte den Widerstand, der bis zum unrühmlichen Ende der US-Mission und ihrer Vasallen 2021 führen sollte.

Die USA beabsichtigten, lange im Lande zu bleiben, schrieben Beobachter bereits 2007, weshalb sie schon damals einen Rückzug forderten. »Der Afghanistan-Konflikt ist aber militärisch nicht zu lösen; weder den Briten im 19. Jahrhundert noch den Sowjets im 20. Jahrhundert ist dies mit dem Einsatz von zeitweise 120.000 Soldaten gelungen. Die verantwortlichen Militärs und Politiker in den westlichen Ländern sollten diese historischen Erfahrungen zur Kenntnis nehmen.«[11] Die deutsche Friedensbewegung und die Linkspartei forderten damals aus eben diesem Grunde einen »sofortigen Abzug aller Militäreinheiten, einschließlich der Bundeswehr aus Afghanistan«. Das war nicht mehrheitsfähig, auch wenn kritische Köpfe in Deutschland nicht müde wurden zu erklären: »Mit ›Durchhalte-‹ und ›Kurshalte‹-Parolen sowie noch mehr Militär, wie der UN-Sonderbeauftragte für Afghanistan, Tom Koenigs, verlangt, wird es in Afghanistan jedenfalls kein *Nation building* geben.«[12]

Der hier erwähnte Durchhaltekrieger Tom Koenigs, das ist durchaus der Erwähnung wert, stammt aus einer Kölner Bankiersfamilie, gehört seit Beginn der siebziger Jahre zum Freundeskreis von Joschka Fischer und war geraume Zeit Bundestagsabgeordneter der Grünen. 2005 wurde er Beauftragter der Bundesregierung für

Menschenrechtspolitik und Humanitäre Hilfe im Auswärtigen Amt und 2006 Sonderbeauftragter der UNO für die *United Nations Assistance Mission in Afghanistan* (UNAMA) …

Warum – jenseits des messianischen Eifers und ihrer Ideologie – haben die USA zwanzig Jahre lang versucht, sich dauerhaft in dieser Region niederzulassen? Tatsache ist: Es ging nie darum, Afghanistan zu einer »demokratischen Nation« zu formen, um die Entwicklung einer prosperierenden nationalen Wirtschaft oder darum, dass Mädchen zur Schule gehen und Frauen gleichberechtigt in der multiethnischen Gesellschaft leben sollten.

Es ging, wie stets, ums Öl.

Bereits 1991, nach dem Zweiten Golfkrieg, hatte das US-Nachrichtenmagazin *Newsweek* verraten, dass nach dem Vorbild von »desert storm« amerikanische Militärs eine vergleichbare Operation in Kasachstan planten. Der Zerfall der Sowjetunion eröffnete den USA die Chance, ihren Einfluss in Zentralasien auszuweiten. In den letzten zehn Jahren waren im Kaspischen Becken – obgleich doch um Baku (Aserbaidschan) seit hundert Jahren Öl gefördert wurde – weitere riesige Öl- und Gasvorkommen im Nordwesten Kasachstans und in Turkmenistan entdeckt worden. US-Unternehmen sicherten sich 75 Prozent der erwarteten Fördermenge. 1997 führten Sondereinsatzgruppen der USA militärische Manöver mit der kasachischen Armee durch, 1998 folgten Übungen mit der usbekischen. Trainiert wurden insbesondere Interventionen im gebirgigen Süden, wo Kirgisien, Tadschikistan und der Norden Afghanistans lagen.

Das Problem: Da diese zentralasiatische Region mit den gigantischen Ölvorkommen über keinerlei Zugang zum Meer verfügte, die USA aber nicht das russische Pipeline-Netz nutzen wollten, musste über Alternativen nachgedacht werden. Die ***Union Oil Company of California*** (UNOCAL), eines der größten Energieunternehmen der Welt, wollte eine Pipeline durch das damals von den Taliban beherrschte Afghanistan legen und verhandelte bereits mit ihnen darüber. Allerdings verschlechterten sich aufgrund von Terroranschlägen auf die US-Botschaften in Kenia und Tansania – für die Osama bin Laden und die Taliban verantwortlich gemacht wurden – die bilateralen Beziehungen zwischen Washington und Kabul, weshalb die Verhandlungen zwischen UNOCAL und den Taliban gestoppt wurden, die Clinton-Regierung Wirtschaftssanktionen verhängte, vermeintliche Ausbildungslager von Terroristen in Afghanistan bombardieren ließ und mit der Führung in Pakistan die Ermordung von Osama bin Laden erörterte. Doch noch vor Ausführung der Geheimoperation wurde im Oktober 1999 der pakistanische Staatschef durch einen Militärputsch gestürzt, weshalb dieser Plan nicht ausgeführt werden konnte.

Während des Jahres 2000 wurden verschiedene Versuche unternommen, bin Laden auszuschalten, wie das *Wall Street Journal* am 2. November 2000 verriet. Die Zeitung gab als Quelle Robert McFarlane an, einst Sicherheitsberater von Präsident Reagan. Und der verwies auch auf die CIA, die – wie schon die *Washington Post* am 18. November 1997 auf der Titelseite vermeldet hatte – seit geraumer Zeit in Afghanistan paramilitärisch unterwegs sei. Die *Special Activities Division*, eine Geheimabteilung des US-Geheimdienstes CIA, setzte sowohl Bodentruppen als auch mit Raketen bestückte Drohnen ein. Der Geheimdiensttruppe gehörten etwa anderthalbhundert Soldaten an, die allerdings keine Uniformen trugen. In der Regel handelte es sich um pensionierte Veteranen des US-Militärs. Sie kooperierten vor Ort mit afghanischen Warlords und entwickelten insbesondere im Südwesten des Landes, dem wichtigsten Einflussgebiet der Taliban, ein komplexes Netzwerk und verübten mit dessen Hilfe Angriffe auf das Kabuler Taliban-Regime. (Würden die Taliban ähnlich in den USA agieren, erfüllte dies nach amerikanischem Verständnis den Tatbestand des Terrorismus.)

Am 15. März 2001 – also ein halbes Jahr vor den Anschlägen in New York und der Ausrufung des Krieges der USA gegen den Terror – berichtete die in Großbritannien erscheinende militärstrategische Fachzeitschrift *Jane's International Security*, dass die zwei Monate zuvor inthronisierte Bush-Administration dabei sei, mit Indien, Iran und Russland »eine gemeinsame Front gegen das Taliban-Regime in Afghanistan« aufzubauen. Indien stelle militärisches Gerät, Berater und Hubschraubertechniker zur Verfügung, und Stützpunkte in Tadschikistan und Usbekistan würden von Indien und Russland für Operationen genutzt werden. »Mehrere Sitzungen der gemeinsamen Arbeitsgruppen zu Fragen des Terrorismus, die zwischen Indien und den USA sowie zwischen Indien und Russland gebildet wurden, gingen dieser taktischen und logistischen Gegenoffensive gegen die Taliban voraus. Aus Geheimdienstkreisen in Delhi verlautet, dass Indien, Russland und der Iran den Kampf gegen die Taliban am Boden führen, während Washington der Nordallianz[13] Informationen und logistische Unterstützung zur Verfügung stellt.«[14]

Am 26. Juni 2001 veröffentlichte die Zeitschrift *IndiaReacts* weitere Einzelheiten über das gemeinsame Vorgehen der USA, Indiens, Russlands und des Iran gegen das Taliban-Regime. »Indien und Iran werden den USA und Russland bei einem ›beschränkten Militärschlag‹ gegen die Taliban ›beistehen‹, wenn die angestrebten harten neuen Wirtschaftssanktionen das fundamentalistische Regime in Afghanistan nicht in die Knie zwingen«, schrieb das indische Magazin. Weiter hieß es dort: »Aussagen von Diplomaten zufolge erfolgte das Vorgehen gegen die Taliban nach einer Zusammenkunft des amerikanischen Außenministers Colin Powell mit dem russischen Außenminister Igor Iwanow sowie nach einem späteren Treffen Powells mit dem indischen Außenminister Jaswant Sing in Washington.« Auch Russland, Iran und Indien hätten diesbezüglich miteinander konferiert.[15]

Laut *IndiaReacts* hatte Russlands Präsident Putin Anfang Juni 2001 auf einer Zusammenkunft von Repräsentanten der GUS-Staaten erklärt, dass ein Militärschlag gegen die Taliban bevorstehe.

Mitte Juli, so der *BBC*-Reporter George Arney in mehreren Medien, hätten in gleicher Weise US-Regierungsbeamte den pakistanischen Außenminister Naik informiert. »Mr. Naik zufolge unterrichteten ihn US-Beamte über den Plan einer internationalen Kontaktgruppe, die sich unter der Schirmherrschaft der UN in Berlin getroffen hatte. Wie Mr. Naik gegenüber der *BBC* berichtete, kündigten ihm die Vertreter der USA auf diesem Treffen an, dass Amerika militärische Mittel einsetzen würde, um sowohl bin Laden als auch den Talibanführer Mullah Omar zu töten oder gefangen zu nehmen, falls bin Laden nicht kurzfristig ausgeliefert würde. Ihr Gesamtziel bestehe nach Angaben von Mr. Naik darin, das Talibanregime zu stürzen und durch eine gemäßigte Übergangsregierung zu ersetzen, die eventuell vom ehemaligen König Zahir Schah geführt werden könnte.

Man setzte Mr. Naik davon in Kenntnis, dass Washington seine Operationen von Stützpunkten in Tadschikistan aus unternehmen werde. Amerikanische Berater seien bereits vor Ort. Man sagte ihm, dass auch Usbekistan an der Operation teilnehmen werde und 17.000 russische Soldaten einsatzbereit seien. Weiter erfuhr Mr. Naik, dass die Militäraktion gegebenenfalls vor dem ersten Schnee in Afghanistan, spätestens Mitte Oktober stattfinden werde.«[16]

Die geheime Zusammenkunft in der deutschen Hauptstadt, auf die die *BBC* Bezug nahm, fand in einem Berliner Hotel statt und war das dritte inoffizielle Treffen dieser Art. Vier Tage konferierten hochrangige Regierungsvertreter der USA, Russlands, Irans und Pakistans miteinander und nannten dies »Brainstorming über Afghanistan«.

Am 22. September 2001 – da waren die Flugzeuge bereits in die beiden Türme des World Trade Center gekracht und die USA befanden sich im Krieg gegen den Terror – brachte der britische *Guardian* Details von der geheimen Konferenz in Berlin.

Einberufen hatte sie der spanische Diplomat Francesc Vendrell, seit Januar 2000 persönlicher Beauftragter des UN-Generalsekretärs für Afghanistan und Leiter der ***U****nited* ***N****ations* ***S****pecial* ***M****ission for* ***A****fghanistan* (UNSMA). Die in Berlin anwesenden US-Vertreter – der ehemalige US-Botschafter in Pakistan Tom Simons, der einstige stellvertretende Außenminister für südasiatische Angelegenheiten Karl Inderfurth sowie Lee Coldren, der bis 1997 die für Pakistan, Afghanistan und Bangladesch zuständige Abteilung des Außenministeriums geleitet hatte – hätten laut *Guardian* dort erläutert, dass und in welcher Weise sich die Afghanistan-Politik nach dem Wechsel von Clinton auf Bush jr. verändern werde. Unmissverständlich machten sie die militärische Option klar. Das stellten sie gegenüber der britischen Zeitung in Abrede.

Der *Guardian* resümierte am 22. September 2001: »Die Kriegsdrohungen für den Fall, dass die Taliban Osama bin Laden nicht auslieferten, wurden dem Regime in Afghanistan durch die pakistanische Regierung übermittelt, wie gestern aus hochrangigen diplomatischen Quellen zu erfahren war. Die Taliban weigerten sich, der Aufforderung nachzukommen, doch die Schärfe der Äußerungen, die ihnen (*im Juli – K. E.*) übermittelt wurden, lässt es möglich erscheinen, dass bin Laden die

Angriffe auf das World Trade Center in New York und auf das Pentagon vor zehn Tagen durchaus nicht aus heiterem Himmel heraus unternahm, sondern als Präventivschlag auf vermeintliche Drohungen der USA hin.«[17]

Mit anderen und vorsichtigen Worten: So ungelegen und unvorhersehbar kam der Anschlag am 11. September nicht – er lieferte der ganzen Welt den überzeugenden Grund, in Afghanistan loszuschlagen.

Französische Quellen – etwa der Ex-Geheimdienstler Jean-Charles Brisard und der Enthüllungsjournalist Guillaume Dasquie – gingen noch einmal auf die Öl-Frage ein. Sie meinten, dass die Bush-Administration seit Februar 2001 in dieser Sache mit den Taliban gesprochen habe und sich noch im August sicher gewesen sei, dass diese den Bau einer Ölpipeline durch Zentralasien ermöglichen würden. Deshalb lobte man auch das Taliban-Regime als Garant der Stabiltät in Zentralasien. Allerdings soll man den afghanischen Unterhändlern, so der französische Ex-Geheimdienstler Brisard, auch schon mal die »Folterinstrumente« gezeigt haben. Jean-Charles Brisard: »Einmal erklärten die Vertreter der USA den Taliban während der Verhandlungen: ›Entweder ihr nehmt unser Angebot an, dann rollen wir euch einen goldenen Teppich aus, oder aber wir begraben euch unter einem Bombenteppich.‹«[18]

Trotz dieser Drohungen wurde weiter verhandelt und auf gut' Wetter gemacht, was den Vize-Chef des FBI im Juli 2001 zum Rücktritt veranlasste. Gegenüber den beiden Franzosen erklärte dieser John O'Neill: »Das größte Hindernis für die Ermittlungen gegen den islamischen Terrorismus waren die Interessen der amerikanischen Ölkonzerne und die Rolle Saudi-Arabiens in diesem Zusammenhang.«[19]

Der Spezialagent der Bundespolizei John O'Neill wurde unmittelbar nach seiner Kündigung beim FBI Sicherheitschef des World Trade Center – und starb beim Anschlag am 11. September.

Auch in Berlin sei die Ölpipeline besprochen worden, bestätigten die beiden Franzosen in ihrem Buch. Die Taliban sollten den Bau einer Pipeline aus Kasachstan erleichtern, um als Gegenleistung von den USA und auf internationaler Ebene anerkannt zu werden.

Doch die Taliban ließen sich nicht zu diesem Deal überreden. Am 2. August fand in Islamabad das letzte Treffen zwischen Chistina B. Rocca – seit Juni Leiterin des Referats für Südasien im US-Außenministerium – und einem Vertreter der Taliban statt.

Wenige Wochen später begann der seit Langem vorbereitete Krieg der USA gegen Afghanistan.

Und dabei ging es nicht mehr um Öl und eine Pipeline, sondern um einen strategischen Brückenkopf in Zentralasien – mit Blick nach Westen, Norden, Osten und Süden, nach Iran, Russland, China und Indien …

Anmerkungen

1 zit. in: *https://www.pressenza.com/de/2019/04/heute-vor-65-jahren-sowjetunion-wollte-der-nato-beitreten/*

2 »Wählerversammlung mit G. M. Malenkow« in: *Neues Deutschland* vom 14. März 1954

3 zit. in: *Neues Deutschland* vom 27. Mai 1954

4 Ebenda

5 Rede Egon Bahrs zur Verleihung des Dr. Friedrich Joseph Haass-Preises am 27. März 2015, in: Bahr/Riemann, Annäherung durch Wandel, a. a. O., S. 192

6 George F. Kennan in der *New York Times* am 5. Februar 1997

7 Eine besonders aggressive, antikommunistische Gruppierung innerhalb der US-Konservativen, die in den neunziger Jahren prägenden Einfluss erlangten und unter Bush jr. (2001-2009) maßgeblich für die Außenpolitik der USA waren

8 David M. Kennedy in: *The Atlantic Monthly* vom 2. März 2005, zit. in: *https://en-m-wikipedia-org.translate.goog/wiki/Wilsonianism?-_x_tr_sl=en&_x_tr_tl=de&_x_tr_hl=de&_x_tr_pto=sc*

9 Rede Egon Bahrs zur Verleihung des Dr. Friedrich Joseph Haass-Preises am 27. März 2015, a. a. O., S. 192

10 zit. Matin Baraki in *APuZ. Aus Politik und Zeitgeschicht*e vom 14. September 2007, auf: *https://www.bpb.de/shop/zeitschriften/apuz-/30216/nation-building-in-afghanistan/*

11 Ebenda

12 Ebenda

13 »Nordallianz« war die im Westen übliche Bezeichnung für die *Nationale Islamische Vereinigte Front zur Rettung Afghanistans*, eine gegen die Taliban gerichtete lose Koalition rivalisierender tadschikischer, usbekischer und Hazara-Warlords. Sie wurde im Oktober 1996 als militärisches Zweckbündnis und Reaktion auf den landesweiten Vormarsch der Taliban gegründet. Ende 2001 eroberte die Nordallianz mit Hilfe massiver US-Luftunterstützung fast ganz Afghanistan.

14 zit. auf: *http://www.ag-friedensforschung.de/themen/-Terrorismus/martin.html*

15 Ebenda

16 Ebenda

17 Ebenda

18 zit. in: Jean-Charles Brisard und Guillaume Dasquie: Die verbotene Wahrheit: Die Verstrickung der USA mit Osama Bin Laden, Reinbek 2003

19 Ebenda

Bis alles in Scherben fällt?

In meiner aktiven Zeit befand sich der Hauptsitz des »National Archives« an der Pennsylvania Avenue in Washington. In die Steine überm Eingang war eingemeißelt: »The Past Is But Prologue«. Das heißt ungefähr soviel wie, dass die Vergangenheit nur der Prolog sei. Leitsprüche sind in der Regel abstrakt und unkonkret. Auch dieser lässt offen, wofür die Vergangenheit das Vorspiel sei. Für die Gegenwart, für die Zukunft?

Die Zeile kann auch als Drohung verstanden werden – oder als wohlmeinende Mahnung daran, dass die Gegenwart auf der Vergangenheit fußt. Und ohne sie gibt es keine Zukunft. Unsereiner ist mit Marx und dem Dialektischen und Historischen Materialismus aufgewachsen, wir wissen, dass dieser kausale Zusammenhang objektiv existiert. In der kapitalistischen Gegenwart wird dieser Kontext in aller Regel ausgeblendet. Nur das Heute ist wichtig und zählt, das Morgen interessiert so wenig wie das Gestern. Geschichte ist allenfalls ein Marketing-Instrument, Jahrestage und Jubiläen taugen dafür, den Konsum anzukurbeln. Denn der steigende Konsum ist das wichtigste Element des Kapitalismus. Er sorgt dafür, dass die Wirtschaft immer mehr produziert und ständig expandiert: Das ewige Wachstum ist die Monstranz, die dieses System vor sich herträgt, es ist sein Glaubensbekenntnis.

Allerdings, auch dass wissen wir, sind alle Ressourcen objektiv begrenzt, folglich kann es kein unbegrenztes Wachstum geben. Irgendwann ist Schluss, es gibt nur diese eine Erde. Die Ressourcen reichen schon jetzt kaum noch aus, um das erreichte Niveau zu halten. Die Fachleute haben einen »Erdüberlastungstag« kreiert, den *Earth Overshoot Day*. Er markiert das Datum, an dem die Menschheit alle biologischen Ressourcen verbraucht hat, die die Erde im Laufe eines Jahres zu regenerieren imstande ist. Wir stoßen beispielsweise mehr Kohlendioxid aus, als Wälder und Ozeane absorbieren können, fischen intensiver, als sich die Bestände erholen, und fällen mehr Bäume, als nachwachsen. Im Jahr 2022 war dieser Tag am 28. Juli, das heißt, ab dem 29. Juli beginnen wir zu verbrauchen, was sich nicht mehr regenerieren lässt.

In der Umkehrung heißt dies: Die kapitalistische Art des Wirtschaftens vernichtet stetig unsere Existenz. Also muss dieser Prozess beendet werden. Das bedeutet, die Systemfrage zu stellen. So weit, so richtig.

Aber ist der Kapitalismus überhaupt bereit, sich zur Disposition zu stellen? Sind die Unternehmen der Finanzwirtschaft, die Mineralöl-Konzerne, die Produzenten von Waffen und Rüstungsgütern, die Aktionäre von multinationalen Monopolen willens, auf Zugewinn und Profit zu verzichten? Nein, das sind sie nicht – fast jeder Shareholder, jeder Anteilseigener lebt augenscheinlich nach dem Prinzip: nach mir die Sintflut. Oder wie eingangs schon festgehalten: Man lebt nur im Heute, nicht für die Zukunft. »Nachhaltigkeit« ist nur eine Phrase zur Beruhigung erregter Gemüter.

Und so wird denn auch Politik gemacht.

Der Kampf der USA um eine neue, von ihr bestimmte Weltordnung, wird nicht, wie behauptet, um »freedom and democracy« geführt, sondern um Ressourcen. Er speist sich aus der Angst vor dem Verzicht. Man will sich nicht ein- und beschränken müssen. Es soll alles so weiterlaufen wie gewohnt, und nach Möglichkeit noch besser. Dieser »Wunsch« wird ideologisch abgesichert durch die Überzeugung, dass darum die USA über den besten, stärksten und effektivsten Militärapparat verfügen müssen. Darauf ist alles ausgerichtet – bis hin zur Schaffung einer neuen Weltordnung nach dem Ende der Bipolarität. Und in dieser haben Vorstellungen von einer multipolaren Welt keinen Platz. Multipolarität sorge für Instabilität und Krisen, kommt es beispielsweise auch aus der Bundesakademie für Sicherheitspolitik.[1]

Absage an eine multipolare Weltordnung

Die Bundesakademie für Sicherheitspolitik (BAKS) ist eine Einrichtung der Bundesregierung, eine selbstständige Dienststelle, die organisatorisch zum Geschäftsbereich des Bundesverteidigungsministeriums gehört. Seit 1992 wird dort gelehrt und geforscht und »Spitzenpersonal aus Bund und Ländern sowie Führungskräfte aus Wissenschaft, Wirtschaft und gesellschaftlichen Organisationen« damit vertraut gemacht, was man denn so über die nationale und internationale Sicherheitspolitik denkt. »Jährlich führt die BAKS über 70 Veranstaltungen mit bis zu 5.000 Teilnehmenden durch«, heißt es beifallheischend auf der Homepage der Einrichtung, die im Schloss Niederschönhausen – vormals Gästehaus der DDR-Regierung – ihren Sitz hat.[2]

Es versteht sich von selbst, dass diese Institution auch Verbindungen zu anderen Einrichtungen pflegt, etwa zur *Deutschen Atlantischen Gesellschaft*. Das ist der deutsche Zweig der *Atlantic Treaty Association*, dessen vorrangige Aufgabe – so das lobbykritische Onlinelexikon *Lobbypedia* – in der Werbung für die NATO besteht. Die Deutsche Atlantische Gesellschaft wiederum rief 2008 den *NATO Talk Around the Brandenburger Tor* ins Leben, der einmal im Jahr nationale und internationale Experten und Entscheidungsträger zusammenführt, um über aktuelle Fragen der NATO zu diskutieren, wie es heißt. Dort engagiert sich auch die Bundesakademie.

Diese Verbindungen sollte man im Hinterkopf haben, wenn denn von dort die Absage an eine multipolare Weltordnung kommt – wie sie etwa Xi Jinping oder Wladimir Putin fordern. China wünscht sich eine Weltordnung, die machtpolitisch multipolar, methodisch multilateral und ideologisch pluralistisch ist, so Chinas Staats- und Parteichef, der wiederholt die »Schicksalsgemeinschaft der Welt« beschwor. Er sieht, wohin der Kapitalismus führt. Und auch Russlands Präsident Putin hat lange vor dem Ukrainekonflikt (aber auch während der Krieg tobte) eine multilaterale Welt gefordert, zuletzt erst wieder auf der 10. ***M**oskauer **K**onferenz zur **I**nternationalen **S**icherheit* (MCIS) am 9. August 2022. »Die unipolare Weltordnung gehört der Vergangenheit an«, erklärte Putin vor etwa siebenhundert Teilnehmern, darunter Verteidigungsminister und Generalstabschefs mehrerer Staaten. Die MCIS selbst sei ein Beweis für den objektiven Prozess der Entstehung einer multipolaren Welt, an der man mitwirken wolle, sagte er.

Nach chinesischer Überzeugung lebten wir bereits in einer multilateralen Welt, in der Peking – entgegen den Behauptungen des Westens – keine globale Führungsrolle anstrebe. China, so selbst kritische, aber objektiv urteilende Fachleute[3], sei »missionarischer Eifer« fremd, den man aber haben müsse, »um bestimmte Vorstellungen global durchsetzen zu wollen«. China wolle die USA in dieser Hinsicht »nicht ersetzen«. In den USA und in Europa habe man diesbezüglich ein »Wahrnehmungsproblem«, wenn man dort die Furcht schüre, China wolle Hegemon der Welt werden, woran man das kommunistische Land jedoch hindern müsse.[4] China ziehe die Harmonie der Hegemonie vor.

Gleichwohl plädiert die erwähnte Bundesakademie für Hegemonie, weil angeblich Hegemonie eine »Konstante in der Sicherheitspolitik« bedeute. Hingegen zeige ein Blick in die Vergangenheit, »dass sich Multipolarität vor allem durch zwei Eigenschaften auszeichnet: Sie ist instabil, und sie ist vorübergehend. Damit ist sie auch normativ problematisch, denn Instabilität und Krisenanfälligkeit sind im Allgemeinen nicht erstrebenswert. Für die Sicherheitspolitik ist ein ganz anderer Faktor entscheidend: Hegemonie.«[5]

Augenscheinlich vermutete der Autor dieser Studie, dass diese These nicht nur Zustimmung finden könnte.

Deshalb beugte er argumentativ vor. »Hegemonie klingt zunächst negativ, verbindet man mir ihr doch imperiale Systeme, deren innerer Zusammenhalt auf Autorität und Einschüchterung basiert. Es gibt aber auch den integrierenden Hegemon, der – wie etwa die USA in der NATO – die Souveränität von Nationalstaaten weitgehend respektiert. Dieses hegemoniale System beruht auf Partizipation und Kooperation nach innen.«[6]

Nun, Staaten wie Libyen, Syrien, Afghanistan, Serbien, Venezuela, Kuba, Chile … – seit 1945 fast ein halbes Hundert – können bezeugen, wie weitgehend ihre Souveränität vom »integrierenden Hegemon« USA respektiert wurde und wird.

Ausgerechnet die Sowjetunion wurde als Beweis herangezogen, dass ein Hegemon für eine stabile Ordnung sorgt: »Das Beispiel des Warschauer Pakts zeigt die unmittelbare, schicksalhafte Verknüpfung von Ordnung im internationalen System mit dem Hegemon: Verliert der Hegemon Wille und Fähigkeit zur Aufrechterhaltung seiner Führungsposition, erodiert auch ›seine‹ Sicherheitsordnung.«[7]

Und weiter heißt es: »Im letzten Jahrhundert wüteten in Folge von Instabilität und Krisenanfälligkeit zwei Weltkriege, bis der Aufstieg der USA sowie vorübergehend der Sowjetunion als Hegemone die Ordnung wiederherstellte und eine stabile Sicherheitsarchitektur entstand.«

Dem ist insofern zuzustimmen, als nachweislich die Sowjetunion durch die Herstellung eines militärstrategischen Gleichgewichts (was auf Kosten der Befriedigung legitimer sozialer Bedürfnisse ihrer eigenen Bürger ging) den Hegemon USA in die Schranken wies. »Heute zeigen die Krisen und Konflikte in der Ukraine, im Nahen und Mittleren Osten, in Teilen Afrikas und wieder auf die Tagesordnung gehobene Territorialstreitigkeiten in Südostasien exemplarisch, dass die Sicherheitslage instabiler und krisenanfälliger geworden ist.«[8]

Wohl wahr. Aber vielleicht hat das weniger mit der Multipolarität, sondern mehr mit der Aggressivität des alleinigen Hegemonen USA zu tun, der seine Interessen durchzusetzen versucht, wobei ihm augenscheinlich die Kraft auszugehen droht. Die (deutsche?) Studie der Bundesakademie dazu: Es werde »über einen möglichen Abstieg der USA gemutmaßt. Gleichzeitig wird der Aufstieg neuer Mächte viel diskutiert. In erster Linie zählen dazu China, Indien und Brasilien«, räumt der Autor ein, wobei Russland schon nicht einmal mehr der Erwähnung wert ist. Was Wunder: US-Präsident Obama hatte die Russische Föderation – fast ein Sechstel der Erde – mit vorsätzlicher Arroganz zur Regionalmacht erklärt. (»Allerdings verfügt Russland über das zweitgrößte Arsenal an Nuklearwaffen weltweit und ist immer noch Veto-Macht im UN-Sicherheitsrat«, erinnerte damals die *Süddeutsche Zeitung* und nannte Obamas Äußerung zu Recht »beleidigend«.[9])

Zum Abschluss blickt der Verfasser des Arbeitspapiers aus der Bundesakademie für Sicherheitspolitik von 2015 »in die Kristallkugel«, um abstrakt zu formulieren, was nun – in der »Phase hegemonialer Transformation« – die Menschheit erwartet. »Entweder vollzieht sich die

Ablösung des Hegemonen langwierig und gewaltfrei oder als gewaltsamer Umsturz in Form globaler Ausscheidungskriege.« Und er spricht explizit aus, wen er für die Kontrahenten bei den »globalen Ausscheidungskriegen« hält: die USA und China. Er schließt mit der Warnung, sofern der Leser der Auffassung anhängt, dass die Volksrepublik China am Ende triumphieren könne: »Der Abstieg eines Hegemonen hingegen führt zu Instabilität und Krisenanfälligkeit des internationalen Systems – das mögen jene bedenken, die schon seit langem die Multipolarität als Heilsbringer für Frieden und Gerechtigkeit herbeisehnen.«[10]

»Pivot to Asia«: Der Hegemon wechselt die Hauptkampflinie

US-Präsident Obama degradierte Russland zur Regionalmacht und nahm einen Strategiewechsel vor, indem er den Empfehlungen hochrangiger Berater folgte. Henry Kissinger, Zbigniew Brzeziński und John Mearsheimer waren nach etlichen teuren wie erfolglosen Kriegsjahren in Afghanistan der Auffassung, dass die Dominanz der USA in Asien sich viel effektiver durch die Stärkung von Verbündeten sichern lasse. Militärisch sollten die USA nur im äußersten Notfall eingreifen und sich selbst engagieren. Sie nannten das von ihnen präferierte Vorgehen *Offshore Balancing*. Diese Strategie sollte die bis dahin vorherrschende Strategie der *liberalen Hegemonie* ablösen. Regionale Mächte sollten genutzt werden, um den Aufstieg potenziell feindlicher Mächte zu kontrollieren oder mindestens zu behindern, wenn es schon nicht verhindert werden konnte. Gegen wen sich dieses Politik richtet, ist auch klar: gegen Russland und gegen China.

Obamas Hinwendung zum Indo-Pazifik hing zwar damit zusammen, dass in dieser Region etwa sechzig Prozent der Weltbevölkerung produzieren und konsumieren und etwa zwei Drittel des Weltsozialprodukts erzeugen. Aber natürlich erfolgte die Verlagerung der US-Politik in diesen Raum wegen Chinas Aufstieg. Nicht mehr der Atlantik – die Verbindung der USA mit Europa – spielte fortan in der Außenpolitik der Vereinigten Staaten die zentrale Rolle, sondern der Pazifik. »George W. Bush sprach als erster US-Präsident von seinem Land als ›Pacific Nation‹; Barack Obama prägte den Ausdruck vom ›Pivot to Asia‹«, meinten Sigmar Gabriel und Michael Hüther von der Atlantik-Brücke. »Das aufstrebende China wird seit Jahren von den USA als zentraler Konkurrent um globalen Einfluss und ökonomische Kraft wahrgenommen. Die Vereinigten Staaten sehen sich nicht mehr in der Lage, beides zu sein: die führende Wirtschaftsnation und die globale ›indispensable nation‹ (*unverzichtbare Nation – K.E.*). Der Rückzug aus dem Nahen Osten, aus Afghanistan und – wäre es nicht zum Ukrainekrieg gekommen – auch aus Europa sollte die Voraussetzungen schaffen, um sich auf den Wettbewerb mit China zu konzentrieren.«[11]

Peking sieht sich seither einer wachsenden Bedrohung von See aus gegenüber. An der Küste – von Dalian im Norden bis zur Insel Hainan im Süden –

befinden sich nicht nur die Häfen, sondern auch die Industriezentren des Landes. Seit dem »Pivot to Asia« bauen die USA die eigenen wie auch die militärischen Stützpunkte ihrer Verbündeten aus. Sie reichen von den japanischen Inseln und Südkorea über Taiwan und die Philippinen bis nach Indonesien. Die USA bemühen sich ferner um militärische Brückenköpfe in Thailand, in Singapur – selbst in Vietnam, gegen das man vor einem halben Jahrhundert noch einen barbarischen Krieg führte.

Auf diese wachsende militärische Bedrohung reagiert die chinesische Führung strategisch. Zum einen werden immer mehr Industriezentren im Landesinnern errichtet, etwa in der nordwestliche Provinz Xinjiang, womit man zugleich den Lebensstandard der dort lebenden Uiguren anhebt. Zum anderen entwickelt man alternative Transportrouten im Rahmen der Neuen Seidenstraße. Und drittens schließlich stärkt China seine militärischen Abwehrkräfte, insbesondere seine Marine. Bislang konzentrierte sich die Volksrepublik auf den Schutz der unmittelbaren Küstengewässer. Mit der wachsenden ökonomischen Stärke des Landes war und ist das Land in der Lage, die Übersee-Streitkräfte zu entwickeln und auf den Weltmeeren Flagge zu zeigen. Zunächst war ein außerdienstgestellter Flugzeugträger von der Ukraine gekauft und umgebaut worden, es wurden neue U-Boote beschafft und moderne Zerstörer konstruiertt. Gegenwärtig verfügt die Atommacht China über zwei Flugzeugträger, zwei weitere sind im Bau. Die Marine hat ferner nukleargetriebene U-Boote und Tarnkappenkampfschiffe … Vermutlich verfügt die chinesische Marine inzwischen über mehr Schiffseinheiten als die US Navy. Doch im Unterschied zu den USA, deren Schiffe ungehindert sowohl von ihrer Ost- als auch von ihrer Westküste in die Weltmeere gelangen, können die Schiffe der Volksrepublik dies nicht. Die Zugänge Chinas zu den Weltmeeren werden von den USA kontrolliert.

Und die USA unternehmen alles, dass es so bleibt. Deshalb werden die Verbündeten in dieser Region aufgerüstet. Erinnert sei nur an die Zusage der USA im Herbst 2021, Atom-Uboote an Australien zu liefern. Dabei scheute Washington nicht einmal davor zurück, bereits geschlossene Vereinbarungen zwischen dem NATO-Partner Frankreich und Australien zu brechen und Paris das Geschäft zu vermasseln.

Verwiesen sei in diesem Kontext auch auf die von den USA initiierten Manöver auf See und in der Luft rings um Taiwan, in die zunehmend weitere Streitkräfte des Nordatlantik-Paktes eingebunden werden, so etwa die Marine und die Luftwaffe Deutschlands. Die Fregatte »Bayern« war 2021/22 sieben Monate im Indischen und Pazifischen Ozean unterwegs – zum ersten Mal seit etwa zwanzig Jahren kreuzte ein deutsches Kriegschiff durchs Südchinesische Meer und nahm an Manövern teil. Berlin zeigte sich überrascht, dass die Volksrepublik deshalb einen beabsichtigten Hafenbesuch ablehnte. Erinnert sei auch an die Manöver »Pitch Black« und »Kakadu« im August 2022 in Australien, an denen etwa zweieinhalbtausend Soldaten und etwa hundert Flugzeuge von siebzehn Sreitkräften beteiligt waren – erstmals auch die Bundesluftwaffe mit insgesamt 250 Soldaten, sechs Eurofightern, drei Tankflugzeugen A330 und vier Transportflugzeugen des Typs A400M. »Eine Provokation gegenüber China?«, fragte rhetorisch die *Tagesschau* und gab gleich die Antwort: »Keineswegs, heißt es seitens der Luftwaffe: Das Projekt sei bereits seit eineinhalb Jahren in Planung. ›Es ist kein Signal gegen irgendjemanden, sondern ein Signal für unsere Partner in Asien, für Australien, Singapur, Korea und Japan‹, sagt der Chef der Luftwaffe, Generalleutnant Ingo Gerhartz. Es sei eine Unterstützung ›Werteverbündeter‹. Wenn Deutschland von seinen Bündnispartnern gebraucht werde, dann sei man einsatzbereit – auch am anderen Ende der Welt.«[12]

Die USA rasseln im Südchinesischen Meer mit dem Säbel, provozieren politisch mit Besuchen hochrangiger Politiker in Taiwan und mit Schiffen vor Chinas Küste. Und versuchen durch die Beteiligung von Mitgliedern der »westlichen Wertegemeinschaft« an diesen gefährlichen Aktionen den Vorgängen einen internationalen Anstrich zu geben. Dabei geht es stets um die Interessen der Vereinigten Staaten von Amerika.

»Zurück in die Zukunft«

Mit dieser treffenden Zeile überschrieb der Kommentator des *Norddeutschen Rundfunk* seine Analyse des NATO-Gipfels Ende Juni 2022. »Milliarden für Rüstung, Norderweiterung, der scharfe Ton gegenüber

Russland – die neue NATO-Strategie erinnert ein wenig an vergangene Zeiten.«[13]

Ein wenig?

Das auf Betreiben der USA in Madrid verabschiedete neue strategische Konzept der NATO bedeutet, entgegen anderslautender Erklärungen seiner Verfasser, eine Rückkehr in die Hochzeit des Kalten Krieges. Für die USA ist es natürlich ein Fortschritt in ihrem Sinne. »Das neue strategische Konzept ist ein Signal der transatlantischen Geschlossenheit«, erklärte das Bundesministerium für Verteidigung.[14] *Geschlossenheit* ist die Formel dafür, dass sich alle hinter die USA stellen – deshalb war auch der US-Präsident Biden in Brüssel zugegen, um sich von den Vasallen der USA[15] feiern zu lassen. Befriedigt erklärte er nach dem Beschluss, der Russland zur größten Bedrohung und China zur Herausforderung für die NATO machte (wobei NATO immer als USA zu lesen ist): »Putin wollte die Finnlandisierung Europas. Er bekommt aber die NATOisierung Europas.«[16]

»Finnlandisierung« war ein denunziatorischer Kampfbegriff aus der Zeit der Blockkonfrontation und der Systemauseinandersetzung. Er stand für die Bemühungen eines Landes, Neutralität zu wahren und zugleich gute Beziehungen zu einem mächtigen Nachbarstaat zu pflegen, also konkret Finnlands Haltung zur Sowjetunion. Amerikahörige Falken in der alten BRD warnten in der Sicherheits- und Rüstungsdebatten der 1970er und 1980er Jahre vor einer »Finnlandisierung Deutschlands«, die zwar zur Wiedervereinigung, aber zu einer gefährlichen »Neutralisierung« führen könnte.

Auch in Japan kämpften Nationalisten gegen eine zu freundliche Haltung gegenüber der Sowjetunion und warnten vor einer »Finnlandisierung« des Kaiserreichs. Und nun, anno 2022, griff der Präsident der USA diesen Begriff wieder auf und machte überzeugend deutlich, wohin die Reise geht.

»Russland wurde vom Partner zu einer Bedrohung für die europäische Sicherheit: Mit der Annexion der Krim 2014 und der militärischen Invasion in der Ukraine in diesem Jahr demonstrierte Russland den Willen, Grenzen in Europa mit Gewalt zu ändern«, so das Bundesverteidigungsministerium in seiner Stellungnahme am 30. Juni 2022. »Es hat damit gegen das Völkerrecht verstoßen und zahlreiche Abkommen ignoriert. Russland hat außerdem Abrüstungs- und Rüstungskontrollverträge gebrochen oder einseitig ausgesetzt und versucht, westlichen Gesellschaftssystemen mit hybriden Mitteln, zum Beispiel Cyberangriffen, zu schaden.«[17]

Es wurden wieder die alten Argumentationsmuster bemüht, die dem Prinzip folgen: Haltet den Dieb! Und dabei blendet man bekanntlich immer aus, dass mindestens drei Finger auf einen selbst zurückweisen, wenn man mit dem ausgestreckten Finger auf den »Dieb« zeigt.

Und zum anderen Kontrahenten der USA wurde gesagt: »Chinas Cyberoperationen sowie Desinformationskampagnen schaden laut NATO-Konzept der Sicherheit des Bündnisses. China untergrabe die regelbasierte internationale Ordnung.«[18]

Regelbasierte Ordnung?

Wir wissen inzwischen, wer diese Regeln macht und welche Ordnung gemeint ist.

Die NATO aktualisiert etwa alle zehn Jahre ihr Konzept. In dem 2010 auf dem Gipfel in Lissabon verabschiedeten waren die Interessen der USA noch nicht so klar formuliert und damit die Frage, wer der Hegemon ist und wer die Satelliten, ebenfalls nicht. Das wurde nun mit dem neuen Papier im Sommer 2022 – dem wichtigsten nächst der Gründungsakte der NATO, wie es hieß – geklärt. »Mit dem neuen strategischen Konzept hat die NATO nun ein hinreichend flexibles und vorausschauendes Dokument, das die Interessen aller Alliierten abbildet und zu einem gemeinsamen Verständnis von transatlantischer Sicherheit verpflichtet«, urteilte abschließend das Bundesverteigungsministerium.[19] Das »gemeinsame Verständnis von transatlantischer Sicherheit« ist ein Treuebekenntnis zur USA und die uneingeschränkte Zustimmung zur Führung Washingtons.

Die Emanzipation Europas findet nicht statt, der 2019 von Frankreichs Präsident Macron festgestellte »Hirntod«[20] der NATO wurde als Fehldiagnose entsorgt. Und auch seine anderen Positionen wurden zu den Akten genommen. Macron hatte nämlich in dem gleichen Interview gefordert, Europa müsse sich stärker als einheitliche politische Kraft verstehen, sich auch militärisch unabhängig »von anderen Partnern« machen.

Ramon Schack machte Monate vor der Verabschiedung der neuen NATO-Strategie im *Deutschlandfunk Kultur* darauf aufmerksam, »dass die bisherige außenpolitische Doktrin des Westens – unter Führung der USA – sich in eine geopolitische Sackgasse manövriert hat«. Und er wies in diesem Kontext darauf hin, dass die USA von Europa verlangten – um der »Infragestellung der eigenen globalen Hegemonie« zu begegnen –, »gemeinsam mit ihnen einen neuen Kalten Krieg gegen Peking zu starten«. Und Schack erhoffte sich angesichts dieser Unverfrorenheit als Reaktion, dass sich Europa zumindest außenpolitisch emanzipieren werde. Allerdings nicht, weil er kollektiven Widerstand gegen eine von den USA beherrschte neue Weltordnung wünschte, sondern weil er in der von den USA angestrebten Konfrontation mit China ein »für Europa hochriskantes Unterfangen« sah. Es gefährde ernsthaft den Weltfrieden. Damit hatte er natürlich Recht.

Trotzdem werde dieses Konzept »von der politischen Klasse Berlins größtenteils willfährig umgesetzt«.[21]

Augenscheinlich dominiert die Willfährigkeit gegenüber den USA auch in den anderen NATO-Staaten, sonst hätte man nicht der neuen Strategie zugestimmt. Das verstärkte Schacks und auch anderer Leute Sorge, Europa verspiele »seine Chance, als ein Kontinent des Ausgleichs, der Stabilität und des Friedens zu gelten«.

Nun ist es einerseits richtig und auch notwendig, an die Interessen Europas zu denken, wobei dabei immer das westliche Europa gemeint ist – der Kontinent geht bekanntlich bis zum Ural. Aber andererseits genügt eine Emanzipation von der im Niedergang befindlichen Großmacht USA allein nicht, um ihr bewusst zu machen, dass die Zeiten vorbei sind, als Hegemon die

Regeln für das Zusammenleben der Völker und ihre inneren Verhältnisse zu diktieren.

Die »Suche nach einer neuen Weltordnung«[22] heißt eben nicht die Bestätigung des Status quo.

»Wir sind Zeugen einer tektonischen Verschiebung der globalen Machtachsen. Der Atlantik ist nicht länger das einzige Gravitationszentrum, er steht nun im Wettbewerb mit dem Indo-Pazifik. Damit einher geht das Ende des europäischen Zeitalters, in dem der alte Kontinent gut 600 Jahre lang der Ausgangspunkt globaler Entwicklungen war, im Guten wie im Schlechten«, hoben der Bundesminister a. D. Gabriel (SPD) und der Wirtschaftsforscher Hüther dramatisch in einem Beitrag an. Der Vorsitzende der Atlantik-Brücke und sein Stellvertreter beklagten, dass die USA »tief gespalten« und zu sehr mit dem »Rivalen China beschäftigt« gewesen waren, was Russland ermutigt habe, »bei der Neuordnung der Welt wieder als Großmacht mitzumischen«, weshalb es die Ukraine »überfallen« habe.[23]

Nun mag man die Lesart der beiden Transatlantiker nicht teilen, aber in einem Punkte haben sie Recht: Es geht um die »Neuordnung der Welt«. Und damit die EU, d. h. Deutschland – denn das nationale Hemd ist einem noch immer näher als der europäische Rock – dabei nicht untergeht, machen die beiden Transatlantiker einen ganz ungewöhnlichen Vorschlag: »So unterschiedlich China und Deutschland auch mit Blick auf ihre kulturellen und geschichtlichen Traditionen sind, so verbindet beide Länder doch nach wie vor die Integration in die internationale Arbeitsteilung und Wertschöpfung. Das sollte Grund genug sein, nicht ausschließlich auf Ab- und Ausgrenzung zu setzen.«[24]

In Lenins Arbeit »Der Imperialismus als höchstes Stadium des Kapitalismus«[25] findet sich ein Kapitel, das mit »Die Aufteilung der Welt unter die Großmächte« überschrieben ist. Darin geht es um die territoriale Aufteilung der Erde, und bekanntlich forderten die dabei zu spät und folglich zu kurz gekommenen USA und Deutschland nachdrücklich ihren Teil an Kolonien ein. Lenin zitiert aus einer 1907 erschienenen Arbeit des französischen Historikers J. E. Driault. Der hatte geschrieben: »In diesen letzten Jahren wurden alle unbesetzten Gebiete des Erdballs, außer China, von den Mächten Europas und Nordamerikas erobert; es kam zu einigen Konflikten und Einflussverschiebungen, die Vorboten noch furchtbarerer Erschütterungen in der nahen Zukunft sind. Denn man muss sich beeilen: die Nationen, die nicht versorgt sind, riskieren, es niemals zu werden und nicht an der ungeheuren Ausbeutung der Erde teilnehmen zu können, die eine der wesentlichsten Tatsachen des kommenden Jahrhunderts (*gemeint ist das 20. Jahrhundert – K. E.*) sein wird. Das ist der Grund, weshalb Europa und Amerika vor kurzem von einem Fieber der kolonialen Expansion erfasst worden sind.«

Wir sehen: Wir befinden uns erneut in dieser Fieberphase. Alles ist schon mal da gewesen. »Die Mächte, die in Europa dominieren und über sein Schicksal entscheiden, dominieren *nicht* in gleicher Weise in der Welt. Und da die koloniale Größe, die Hoffnung auf noch ungezählte Reichtümer, offenbar auf die relative Bedeutung der europäischen Staaten zurückwirken wird, hat die Kolonialfrage, der ›Imperialismus‹, wenn man will, die politischen Verhältnisse in Europa selbst schon verändert und wird sie immer mehr verändern«, zitierte Lenin Driault.

Es lohnt sich wirklich, die Klassiker mal wieder zur Hand zu nehmen, um zumindest zu erkennen, dass wir uns in einem kapitalistischen Hamsterrad bewegen.

Nichts Neues im Westen seit mehr als hundert Jahren also ….

Anmerkungen

1 Matthias Kennert: Die Mär von der multipolaren Weltordnung. Hegemonie in der Sicherheitspolitik des 21. Jahrhunderts«, Arbeitspapier Sicherheitspolitik Nr. 5/2015 der Bundesakademie für Sicherheitspolitik
2 siehe *https://www.baks.bund.de/de/die-baks/auftrag-und-aufgaben-der-bundesakademie-fuer-sicherheitspolitik*
3 Etwa der Politologe Gu Xuewu vom Lehrstuhl für Internationale Beziehungen an der Bonner Universität
4 zit. in »Chinas Weltordnung für das 21. Jahrhundert«, *Deutsche Welle* am 29. Juli 2020
5 Matthias Kennert in: Die Mär von der multipolaren Weltordnung …, a. a. O.
6 Ebenda
7 Ebenda
8 Ebenda
9 Matthias Kolb: »Was hinter Obamas Seitenhieben steckt«, in: Süddeutsche Zeitung vom 26. März 2014
10 Matthias Kennert, in: Die Mär von der multipolaren Weltordnung …, a. a. O.
11 Sigmar Gabriel und Michael Hüther: »Auf der Suche nach einer neuen Weltordnung«, auf: *https://www.atlantik-bruecke.org/auf-der-suche-nach-einer-neuen-weltordnung/*

12 zit. auf: *https://www.tagesschau.de/ausland/asien/pitch-black-manoever-101.html*

13 vgl. *https://www.tagesschau.de/ausland/europa/nato-gipfel-analyse-105.html*

14 vgl. *https://www.bmvg.de/de/aktuelles/nato-gipfel-2022-neues-strategisches-konzept-beschlossen-5454562*

15 Den Begriff »Vasall«benutzte auch Oskar Lafontaine, als er seinen am 30. August 2022 in der *Berliner Zeitung* veröffentlichten Beitrag überschrieb: »Deutschland handelt im Ukraine-Krieg als Vasall der USA«. Darin hatte der einstige Parteivorsitzende – erst SPD, dann Die Linke – und nunmehr parteilose Publizist u. a. festgestellt: »Eine aggressive Supermacht kann kein ›Verteidigungsbündnis‹ anführen. Wie lange wird es dauern, bis Deutschland nach all den Erfahrungen der letzten Jahrzehnte endlich begreift, dass es seine Sicherheit selbst in die Hand nehmen und sich von den USA unabhängig machen muss?« Und er nannte Ross und Reiter: »Die führenden Politiker der Ampel – Scholz, Baerbock, Habeck und Lindner – sind treue US-Vasallen.«

16 vgl. *https://www.tagesschau.de/ausland/europa/nato-gipfel-analyse-105.html*

17 siehe: *https://www.bmvg.de/de/aktuelles/nato-gipfel-2022-neues-strategisches-konzept-beschlossen-5454562*

18 Ebenda

19 Ebenda

20 Präsident Macron hatte in einem Interview mit dem britischen Magazin *The Economist* das Militärbündnis abgeschrieben: »Was wir gerade erleben, ist für mich der Hirntod der NATO.« Zit. in: *https://www.tagesschau.de/ausland/macron-nato-101.html*

21 Ramon Schack: »Im Schlepptau der USA. Europa muss sich außenpolitisch emanzipieren.« Kommentar im *Deutschlandfunk Kultur* am 30. November 2021

22 So der Titel eines Beitrages von Sigmar Gabriel, Publizist und Aufsichtsratsvorsitzender von Thyssenkrupp Steel, und Michael Hüther, Direktor des Kölner Instituts der deutschen Wirtschaft, im *Tagesspiegel* vom 8. Juni 2022, also noch vor der Verabschiedung des neuen NATO-Konzeptes

23 Ebenda

24 Ebenda

25 In: Lenin-Werke Bd. 22, Berlin 1960

Besteht noch Hoffnung?

Hat die Menschheit eine Chance, dem Dilemma zu entrinnen und die Welt, so wie wir sie kennen, noch zu retten? Also einen Atomkrieg und die Klimakatastrophe zu verhindern, die die Erde in Teilen unbewohnbar machen werden, weil es in einigen Regionen zu heiß ist und in anderen das Wasser der Ozeane inzwischen darüber hinweggeht. Mancherorts wird extremer Mangel an Trinkwasser und Nahrungsmitteln herrschen und die Luft kaum noch zu atmen sein. Und Landstriche sind auf Jahrzehnte, wenn nicht für immer, verstrahlt und nicht bewohnbar … Alles Folge einer auf Wachstum und Gewinn ausgerichteten Produktionsweise, die sich nicht darum schert, was außer dem Profit noch an Auswirkungen herauskommt.

Zu den Macht-Instrumenten dieser im Kern menschenfeindlichen Produktionsverhältnisse gehört der Staat, der die vermeintlich nationalen, in Wirklichkeit ökonomischen Interessen der großen Unternehmen durchsetzt. Rücksichtslos gegenüber jedermann und jederfrau, auch innerhalb der eigenen herrschenden Klasse, vor allem aber gegen andere Völker und Staaten, die ökonomisch und militärisch schwächer sind als man selbst. Dazu werden temporäre Bündnisse geschmiedet, Konflikte geschürt und Kriege geführt, und eine gigantische Propaganda- und Verdummungsindustrie unterhalten, die den Menschen ihren natürlichen Selbsterhaltungstrieb austreibt. Denn mit wachem Verstand und vernünftigen Reflexen würden sie nicht die Geschäfte der Profiteure betreiben, die die Welt erkennbar ruinieren und die Lebensgrundlagen aller zerstören. Aber sie tun es: aus realer ökonomischer Abhängigkeit, aus Zwängen, denen sie glauben nicht entrinnen zu können, ohne persönlich Schaden zu nehmen. Wie sich Soldaten seit Jahrhunderten auf einen vermeintlichen »Befehlsnotstand« herausreden, berufen sich Zivilisten auf den »Sachzwang«.

Wissenschaftler, die die Atomwaffe entwickelt hatten, begriffen als Erste, was sie mit der Erfindung dieses Mordwerkzeugs angerichtet hatten. Erinnert sei an die Göttinger Erklärung. Achtzehn namhafte Naturwissenschaftler appellierten 1957 an die Bundesregierung, die in grenzenloser Ahnungslosigkeit Nuklearwaffen verlangte. Mehr als achtzehn Akademiker waren es nicht – andere fürchteten um den Verlust ihrer Arbeit und ihres Ansehens. Das ist heute nicht anders. Nana-Maria Grüning, Molekularbiologin an der Berliner Charité und Klimaaktivistin, berichtete, dass sie – 65 Jahre nach dem Göttinger Appell – prominente Klimaforscher angeschrieben und aufgefordert habe, sich der Klimabewegung anzuschließen und sich zu engagieren. »Die Antwort habe gelautet: Das gehe nicht, weil man die Reputation verlieren würde.«[1]

Erinnert sei auch an den sowjetischen Nuklearwissenschaftler Andrej Sacharow, der mit seinen Forschungen für die Herstellung des militärstrategischen Gleichgewichts sorgte und damit entscheidend zur Friedenssicherung beitrug, worauf seine westdeutschen Kollegen im Göttinger Appell explizit hingewiesen hatten.

»Wir leugnen nicht, dass die gegenseitige Angst vor den Wasserstoffbomben heute einen wesentlichen Beitrag zur Erhaltung des Friedens in der ganzen Welt [...] leistet. Wir halten aber diese Art, den Frieden und die Freiheit zu sichern, auf die Dauer für unzuverlässig, und wir halten die Gefahr im Falle des Versagens für tödlich«, hatten sie 1957 vorsichtig formuliert.

Sacharow, der »Vater der sowjetischen Wasserstoffbombe«, war sich ebenfalls der Konsequenzen dieser Waffe bewusst. Unter seiner Leitung war Ende der fünfziger Jahre die AN 602 entstanden, deren Sprengkraft viertausend Mal größer war als die der von den USA über Hiroshima abgeworfenen Nuklearwaffe. Sacharows später als »Zar-Bombe« bezeichnete Wasserstoff-Bombe wurde im Oktober 1961 über Nowaja Semlja gezündet. Die Druckwelle umrundete drei Mal die Erde. Die Wärmestrahlung war in 270 km Entfernung spürbar und der Blitz noch in 1000 km sichtbar. In Norwegen und Finnland zerbrachen Fensterscheiben.[2] Es war die stärkste Explosion der Menschheitsgeschichte.

Unmittelbarer Anlass für diesen »Test« und damit dernBruch des von der Sowjetunion drei Jahre zuvor initiierten Kernwaffentest-Moratoriums zwischen der UdSSR, den USA und Großbritannien war das für Nikita Chruschtschow unbefriedigende Treffen mit dem US-Präsidenten Kennedy im Juni 1961 in Wien.

Die eine Konsequenz waren die Grenzsicherungsmaßnahmen am 13. August 1961 in Berlin bzw. in der DDR, womit die Sowjetunion ihre westliche Verteidigungslinie bis an Elbe und Werra vorverlegte. Und die andere war die militärische Machtdemonstration mit Atomtests. Sacharow war extra aus dem Sommerurlaub zurückgeholt und zu Chruschtschow einbestellt worden. Man brauche ein deutliches Signal, um die Welt – insbesondere die USA – von der Macht und der militärischen Schlagkraft der Sowjetunion zu überzeugen, erklärte Chruschtschow. Es war von Dutzenden Tests binnen zwei Monaten die Rede, die Krönung sollte eine riesige Wasserstoffbombe sein vom Typ »Ivy Mike«, die die Amerikaner 1952 auf einer Insel im Südpazifik gezündet hatten. Nur eben hundert Mal stärker.

Sacharow soll Chruschtschow vorsichtig darauf hingewiesen haben, dass die Wiederaufnahme der Atomtests der Abrüstung und Friedenssicherung in aller Welt einen nur schwer zu behebenden Schaden zufügen würde. Außerdem machte er auch auf ethische Aspekte aufmerksam: Selbst wenn solche Detonationen in abgelegenen Gegenden erfolgten, bliebe die Strahlung und schädigt Menschen. Er habe errechnet, dass jede Megatonne atomarer Sprenkraft langfristig etwa zehntausend Menschenleben fordere.

Chruschtschow soll Sacharow in der Runde der versammelten Wissenschaftler und Politiker arrogant abgebürstet haben. »Ich wäre ein Schwächling und nicht Vorsitzender des Ministerrats, wenn ich auf solche Leute wie Sacharow hören würde.« (Solche anmaßenden Belehrungen sind im Kreml so ungewöhnlich nicht: Die im russischen Fernsehen am 3. März 2022 ausgestrahlte Aufzeichnung der Sitzung des russischen Sicherheitsrates zeigte Präsident Putin, wie er verärgert Sergej Naryschkin über den Mund fuhr, weil der eine Bemerkung gemacht hatte, die ihm missfiel. Der Chef des Auslandsgeheimdienstes SWR Naryschkin ruderte daraufhin wie ein Schulbub stotternd zurück.)

Sacharow vermochte zwar, die Sprengkraft von AN 602 auf etwa fünfzig Millionen Tonnen TNT zu halbieren, nachdem er der sowjetischen Führung bewusstgemacht hatte, dass die freigesetzte Strahlung der geforderten 100-Megatonnen-Bombe über Jahrzehnte eine Million Menschenleben fordern würde. Doch er verweigerte sich nicht und arbeitete bis 1968 am sowjetischen Kernwaffenprogramm weiter. Sacharow war davon überzeugt, wie er in seinen Memoiren schrieb, dass ein nukleares Gleichgewicht die Welt vor der Zerstörung bewahren könne, und fühlte sich als Soldat des naturwissenschaftlich-technischen Krieges.

Dieses Denken entsprach der Logik des Kalten Krieges. Aber in den neunziger Jahren, als der Kalte Krieg angeblich endete, war dieses Logik eigentlich obsolet.

Wie ich auf den vorangegangenen Seiten zu erklären versucht habe, treibt nicht ein Gegensatz der Systeme die Rüstung und Kriegsbereitschaft, sondern der Drang nach Hegemonie, nach Beherrschung der Welt, nach Herstellung einer Weltordnung, die auf den Regeln eines Hegemonen gründet. Und dieser zwanghafte, im Kapitalismus wurzelnde Drang überlagert alle anderen

Konflikte und Probleme. In der Ukraine zum Beispiel setzen gegenwärtig Brände, Detonationen, Luftabwehrraketen etc. riesige Mengen Feinstaub, Umweltgifte und Kohlendioxid frei. Ein Panzer T 72 verbrennt 250 Liter Diesel auf 100 Kilometer. Grundwasser wird verschmutzt, der Boden durch Kampfmittel oder ausgetretene Chemikalien verseucht. Im Donbass gibt es über viertausend Bergbau-, Metall- und Chemieunternehmen, von denen etwa achtzig Prozent mit Anlagen und Stoffen arbeiteten, die die Natur belasteten. Die *Organisation für Sicherheit und Zusammenarbeit in Europa* (OSCE) sprach schon vor dem Krieg von Europas größter menschengemachter Umweltbelastung; in der Region befinden sich zweihundert der knapp fünfhundert ukrainischen Schutthalden: riesige Becken, die mit Industrieabfällen und giftigen Substanzen aus den ansässigen Bergbau-, Chemie- oder Metallbetrieben gefüllt sind …

Nicht minder verheerend die indirekten Konsequenzen und Kollateralschäden. Etwa: Die EU versucht russisches Erdgas durch in den USA und Kanada gewonnenes Fracking-Gas zu ersetzen, das in Tankern, die mit Schweröl fahren, über den Atlantik befördert werden muss. Um dieses gewaltigen Umweltverbrechen positiv zu übertünchen, heißt es in der Propaganda »Freiheitsgas«. Was für eine Demagogie und Volksverdummung!

Das Thema »militärische und konfliktbedingte Emissionen«, die eigentlich alle Reduzierungen und Einsparmaßnahmen in Westeuropa zunichte machen, findet in der Öffentlichkeit so gut wie nicht statt.

Die Tausenden Ölquellen, die während des Golfkriegs von 1991 in Brand gesetzt wurden, machten laut Schätzung des *International Institute for Applied Systems Analysis,* eines bei Wien ansässigen unabhängigen Forschungsinstituts, zwei bis drei Prozent der globalen Kohlendioxid-Emissionen aus. Doch die Staaten zeigten wenig Interesse, militärische Emissionen einzudämmen. Allein die Emissionen, die beim Wiederaufbau der Städte entstehen werden, die im Krieg in Syrien zerstört wurden, entsprechen den jährlichen Treibhausgasemissionen der Schweiz, errechnete ein Freiburger Institut.

»Für Stuart Parkinson, Wissenschaftler bei *Scientists for Global Responsibility* und Experte für militärische Emissionen, stehen alle Militärausgaben mit fossilen Brennstoffen in Zusammenhang – einschließlich in der Ukraine. ›Militärische Ausgaben sind CO_2-intensiv, weil das Militär von fossilen Brennstoffen abhängig ist‹, sagt er. Vor dem Krieg entfielen 3,5 Prozent der 2,1 Billionen US-Dollar, die weltweit jährlich für das Militär ausgegeben werden, auf Russland und die Ukraine. Doch seit Beginn des Krieges hat die Ukraine allein von den USA militärische Hilfe im Wert von 19 Milliarden US-Dollar erhalten«, wurde Parkinson am 27. Juni 2022 zitiert. »Mindestens acht Länder wollen ihre Militärhaushalte aufgrund des Krieges erhöhen. Deutschland hat bereits Mehrausgaben in Höhe von 100 Milliarden Euro angekündigt, so Parkinson. ›Der Anstieg der Militärausgaben wird sich auf den gesamten militärischen CO_2-Fußabdruck auswirken, zusätzlich zu den massiven Emissionen durch den Krieg selbst.«[3]

Kriege wurden *um* Öl geführt, doch Kriege fügen dem Klimawandel noch eine weitere schädigende Komponente hinzu: durch Herstellung und Betrieb der gesamten Kriegesmaschinerie einschließlich des Verbrauchs fossiler Brennstoff sowie durch die Freisetzung vom Umweltgiften.

Kein Land liegt derzeit im Zeitplan, die Pariser Klimaziele zu erreichen, die eine Begrenzung der Erderwärmung auf unter zwei Grad Celsius vorsahen. Die Kriege weltweit, insbesondere der Konflikt in der Ukraine, tragen in erheblichem Maße dazu bei, dass dieses Ziel zu erreichen inzwischen eine Illusion ist. Stattdessen steigt die Wahrscheinlichkeit, dass wir bei drei Grad ankommen werden – mit allen bekannten Konsequenzen.

Die klassischen Institutionen, die sich mit diesen Themen und Zusammenhängen befassen, beschwichtigen, melden sich allenfalls vorsichtig zu Wort. Die Grünen, einst angetreten, das Klima zu retten, fallen sich selbst in den Rücken, indem sie das, was sie einst bekämpften, nun an den Hebeln der politischen Macht massiv forcieren. Die *Fridays-for-Future-Bewegung* hat sich totgelaufen, woran die Corona-Pandemie nicht schuldlos war. Die Friedensbewegung ist schon lange tot, was ursächlich auf den Antikommunismus zurückzuführen ist, der mit dem Untergang der Sowjetunion und des Sozialismus in Europa global Oberwasser erhielt. Der Realsozialismus war objektiv ein Gegengewicht zum aggressiven Imperialismus und damit Friedenskraft, weshalb die Friedensbewegungen im Westen als Moskaus Fünfte Kolonne denunziert wurden. Ihre gesellschaftliche Ächtung nahm in der Weise zu, wie die Abrechnung mit den untergegangenen »Unrechtsstaaten« zunahm. Exemplarisch für die Bekämpfung des sozialistischen Erbes war die Entschließung des Europäischen Parlaments »Zur Bedeutung des europäischen Geschichtsbewusstseins für die Zukunft Europas« von 2019, in welcher eine ungeheuerliche Gleichsetzung des Faschismus und des Kommunismus erfolgte.[4]

Darin begründete man die Verurteilung »sämtlicher Ausdrucksformen und jegliche Verbreitung totalitärer Ideologien wie des Nationalsozialismus und Stalinismus in der EU« und forderte die Mitgliedsstaaten auf, »Handlungen aufs Schärfste zu verurteilen«, die »die Werte der EU – Frieden, Freiheit und Demokratie – aushöhlen«. Die »russische Gesellschaft« wurde explizit aufgefordert, »ihre tragische Vergangenheit aufzuarbeiten«; so lange dies nicht geschehe, sei Russland »kein demokratischer Staat«. Das Europäische Parlament wies »darauf hin, dass es im öffentlichen Raum einiger Mitgliedstaaten (z. B. in Parks, auf Plätzen oder in Straßen) noch immer Denkmäler und Gedenkstätten gibt, die totalitäre Regime verherrlichen, was der Verfälschung historischer Tatsachen über die Ursachen, den Verlauf und die Folgen des Zweiten Weltkriegs Tür und Tor öffnet«. Das Monopol auf Geschichtsrevisionismus und -deutung wollte sich die Europäische Union nicht streitig machen lassen.

In diesem ideologischen Rollback ging also auch die systemübergreifende Friedensbewegung unter und spielt heute, wo sie nötiger ist denn je, kaum noch eine

Rolle. Zumal der enge Zusammenhang von Friedenskampf und Klimaschutz augenscheinlich nur von wenigen gesehen wird. Der Mut der Verzweiflung, mit dem Klimaaktivisten etwa Straßen und Autobahnen blockieren, sorgt selbst bei Friedensaktivisten für Kopfschütteln.

Die Dramatik der Lage müsste doch weltweit Millionen Menschen auf die Straßen treiben, um einen radikalen politischen Kurswechsel zu erzwingen. Doch nicht einmal Linke stellen die zwingend notwendige Systemfrage. Organisierter Protest in Bezug auf die Umwelt geht nur noch von wenigen aus. Da gibt es die 2018 in Großbritannien entstandenen *Extinction Rebellion* (XR), die »Rebellion gegen das Aussterben«, die inzwischen in 67 Ländern aktiv sein soll. Sie ist nicht unumstritten – weniger wegen ihrer Protestaktionen, sondern mehr wegen ihrer inneren Verfasstheit. Jutta Ditfurth bezeichnete sie als »esoterische Weltuntergangssekte«, die Bewegung sei anschlussfähig nach rechts.[6] Konservative Think Tanks wie der britische *Policy Exchange* warfen XR »politischen Extremismus« vor, der in »Anarchismus, Ökosozialismus und antikapitalistischem Ökologismus wurzelt«. Augenscheinlich wird *Extinction Rebellion* gleichermaßen von links wie auch von rechts kritisiert, was zu denken geben sollte.

Sodann machen noch »Ende Gelände« und »Letzte Generation« mit spektakulären Aktionen auf sich aufmerksam und schrecken dabei nicht davor zurück, ihre Gesundheit aufs Spiel zu setzen. Sich ans Straßenpflaster festzukleben oder alten Gemälden ist für mich Ausdruck ohnmächtiger Verzweiflung – die zumeist jungen Menschen sehen offenbar keine andere Möglichkeit, auf den drohenden Klimakollaps hinzuweisen und Menschen aus ihrer Teilnahmslosigkeit zu reißen.

Seit kurzem gibt es noch eine vierte Gruppierung, die *Scientist Rebellion* (SR). Die Bewegung, die sich 2021 in Großbritannien formierte und inzwischen auch Ableger in anderen Staaten hat, rekrutiert Aktivisten, die sich bislang nur zögerlich an Umwelt-Aktionen beteiligten: Wissenschaftler, also bürgerliches Milieu. »Klimaprotest in weißen Kitteln« war die *AFP*-Meldung überschrieben, die am 4. Juni 2022 verbreitet wurde: Auf der Berliner Kronprinzenbrücke, die am Reichstagsgebäude über die Spree führt, hatten sich Aktivisten in weißen Kitteln, darunter Forscherinnen und wissenschaftliche Mitarbeiter an der Berliner Charité, angeklebt und angekettet. Auf einem Transparent stand: »1,5° C ist tot. Klimarevolution jetzt!«[7]

Die Aktion war Teil einer internationalen Kampagne des zivilen Ungehorsams, die zeitgleich in dreißig Ländern stattfand. In Madrid gossen die Klimaaktivisten rote Farbe auf die Stufen des Parlamentsgebäudes. Die Farbe sei biologisch abbaubar, versicherten die Protestler und ließe sich leicht entfernen …

Die Wirkung solcher Aktionen ist begrenzt und kaum nachhaltig, wir wissen, dass die Entscheidungen über Klimamaßnahmen, über Krieg und Frieden nicht auf der Straße, sondern hinter verschlossenen Türen getroffen werden. Das Ende der DDR wurde auch nicht mit Mahnwachen, Lichterketten und Bluesmessen in Kirchen herbeigeführt, wiewohl man uns dies seit dreißig Jahren weiszumachen versucht. Aber auch wenn die unmittelbaren Folgen dieser Proteste und Demonstrationen unerheblich sind: Sie sind nicht sinnlos. Steter Tropfen höhlt den Stein. Oder wie es in dem Lied der Friedensbewegung hieß: »Europa hatte zweimal Krieg / Der dritte wird der letzte sein / Gib bloß nicht auf, gib nicht klein bei / Das weiche Wasser bricht den Stein.«[8]

Besteht noch Hoffnung?

Ja. Allerdings dürfen wir die Beantwortung dieser Frage nicht mehr wie gewohnt in die Zukunft verschieben, nicht mehr auf die Enkel setzen, die es besser ausfechten sollen. Denn wenn wir nicht jetzt und konsequent handeln, wird es keine Enkel mehr geben! Nur noch Scherben.

Anmerkungen

1 zit. in: »Widerstand der Wissenschaft« von Armin Lehmann in: *Der Tagesspiegel* vom 21. August 2022

2 vgl. Benjamin Maack: »Die Alles-weg-Maschine«, in: *Der Spiegel* vom 28. Oktober 2011

3 zit. auf: *https://www.dw.com/de/der-co2-stiefelabdruck-des-ukraine-krieges/a-62251474*

4 vgl. *https://www.europarl.europa.eu/doceo/document/RC-9-2019-0097_DE.html*

5 Ebenda

6 zit. in: Arno Frank: »So einfach, so ausweglos« in: *Der Spiegel* vom 7. Oktober 2019

7 *https://de-euronews-com.translate.goog/2022/04/06/klimaprotest-in-wei-en-kitteln-scientist-rebellion-fordern-klimarevolution-jetzt?_x_tr_sl=en&_x_tr_tl=de&_x_tr_hl=de&_x_tr_pto=sc*

8 Das Lied kreierte 1981 die holländische Gruppe Bots, es wurde in den achtziger Jahren europaweit von vielen gesungen

edition ost im Verlag Das Neue Berlin –
eine Marke der Eulenspiegel Verlagsgruppe

ISBN 978-3-360-02807-5

1. Auflage 2022

Umschlaggestaltung: Buchgut, Berlin
Satz: edition ost
Foto: Robert Allertz (S. 20)
Druck: Sowa Druk, Polen

www.eulenspiegel.com